VOCÊ COM VOCÊ

1ª edição [dezembro de 2011] 5.000 exemplares

CASA DOS ESPÍRITOS EDITORA
Rua Floriano Peixoto, 438 | Novo Progresso
Contagem | MG | 32140-580 | Brasil
Tel./Fax: +55 (31) 3304-8300
editora@casadosespiritos.com.br
www.casadosespiritos.com.br

Edição, pesquisa, preparação e notas
LEONARDO MÖLLER

Projeto gráfico, editoração e foto do autor
ANDREI POLESSI | AUDAZ

Revisão
LAURA MARTINS

Impressão e acabamento
EGB GRÁFICA

---

nesta obra, respeitou-se o Acordo Ortográfico da Língua Portuguesa (1990), ratificado em 2008.

casadosespíritos

VOCÊ COM VOCÊ

MARCOS LEÃO *pelo espírito* CALUNGA

Dados Internacionais de Catalogação na Publicação (CIP)
(Câmara Brasileira do Livro, SP, Brasil)

Calunga (Espírito). Você com você / pelo espírito Calunga ; [psicografado por] Marcos Leão. -- Contagem, MG : Casa dos Espíritos Editora, 2011.

ISBN 978-85-99818-20-6

1. Espiritismo 2. Mensagens 3. Psicografia I. Leão, Marcos. II. Título.

11-13250 CDD-133.93

Índices para catálogo sistemático:
1. Mensagens psicografadas : Espiritismo
133.93

Ao amigo e irmão Robson Pinheiro,
minha gratidão eterna.

SUMÁRIO

APRESENTAÇÃO

por Robson Pinheiro

marcos publicando um livro escrito através de sua mediunidade... Que alegria maior posso querer? Ver quem está ao lado despontar e crescer é das maiores aspirações e satisfações que eu poderia ter – com uma pitada de autoelogio, de orgulho, mesmo. Afinal, ao menos em matéria de espiritismo, ele é minha cria!...

Conheci Marcos Leão ao vir para Belo Horizonte. Ele me recebeu na casa de sua família, que me alugou um cômodo nos fundos. De muda para a capital de Minas Gerais, eu vinha de Ipatinga, no interior do estado, após curta passagem pela cidade do Rio de Janeiro, onde torrei todas as economias numa tentativa frustrada de ir para os Estados Unidos... Sim, o clichê por excelência em Governador Valadares, MG, onde morei dos 8 aos 18 anos de idade. Com a rebeldia contra os espíritos sem ter como estender-se, porque impagável, recomeçava do zero naquele tão longe, mas tão perto 1985.

O mais lindo de ver em Marcos, o que mais admiro, é contemplar sua caminhada, sua capacidade invejável de mudar. Não sem resistir, teimar; espernear, até... Tampouco sem chorar ou se queixar. Mas quem muda só porque o Sol está brilhando no céu? Importa é o percurso, o resultado da andança; é ver de onde partiu e aonde chegou. Isso me faz feliz.

Ele era aquele rapaz que trabalhava na rede hoteleira belo-horizontina, numa zona superdecadente do centro da capital mineira. Lembre que, em meados da década de 1980, ditadura recém-terminada e Sarney recém-empossado, o país vivia uma baita estagnação, que desembocou em inflação de 85% ao mês – isso mesmo, ao mês! – e, assim, a hotelaria não era nada do que é hoje. De dia, Marcos era recepcionista naquele ambiente terrível; à noite, com trajes que iam do *dark* ao *punk*, partia rumo a boates, e cigarros e mais cigarros.

Num tempo em que médiuns são elevados à categoria de quase-santos no meio espírita, adoro ver a face humana de quem, de repente, descobre Jesus – ou melhor, é descoberto e chamado, *escolhido* por ele, segundo o termo bíblico.[1] De onde observo, isso é verdadeiramente próximo dos apóstolos e discípulos. Homens do povo e pescadores, como André e seu irmão[2] Simão Pedro, que, embora chamado de "pedra",[3] renegou o Mestre no célebre episódio;[4] cobradores de impostos, como Mateus, o Levi: gente de má vida, segundo julgavam os judeus;[5] mulheres de má fama, como Maria de Magdala;[6] céticos, como Tomé;[7] finalmente, aqueles

[1] Cf. Mt 20:16; 22:14; Lc 18:7 etc.

[2] Cf. Mt 4:18; Lc 6:14.

[3] Cf. Mt 16:18.

[4] Cf. Mt 26:34-35,70,72,74-75.

[5] Cf. Mt 9:10-11; 10:3; 21:31-32; Mc 2:14; Lc 5:30; 7:29.

[6] Cf. Lc 8:2.

[7] Cf. Mc 3:18; Jo 20:24-29.

ditos traidores, como Judas Iscariotes,[8] e perseguidores dos cristãos, como Saulo ou Paulo de Tarso.[9] Sempre me pergunto: o valor dessa turma está na "santidade" dos seus atos, que a história eclesiástica inventou, ou na colossal mudança que empreenderam em suas vidas, saindo de posições nada invejáveis para realizações marcantes e singulares? É a *caminhada,* a transformação deles que me inspira; são as conquistas, partindo exatamente de onde partiram, que mostram ser possível vencer. Sendo como nós, venceram; portanto, por que não podemos, também?

Pouco a pouco, o estudo do espiritismo – é a filosofia que convence, diria Kardec[10] – e a convivência *tête-à-tête* com os espíritos foram amolecendo seu coração, dobrando sua razão pelo entendimento, pelo convencimento que nasce da compreensão. Havia outras verdades pelas quais se interessar; havia um ideal a nos mover, um trabalho a realizar.

Na Casa de Everilda Batista não foi diferente. Após me acompanhar na fundação de diversos núcleos espíritas em Belo Horizonte, onde trabalhamos lado a lado com notáveis companheiros, chegamos ao cumprimento das orientações recebidas através das

[8] Cf. Mc 14:44; Lc 6:16.

[9] Cf. At 8:1-3; 9:1-2.

[10] Cf. "Pequena conferência espírita. Segundo diálogo: O céptico. Elementos de convicção". In: KARDEC, Allan. *O que é o espiritismo.* Tradução de Guillon Ribeiro. 1ª ed. esp. Rio de Janeiro: FEB, 2002. p. 131-132.

mãos de Chico Xavier, entre outros médiuns.[11] Considerando apenas a fundação da Casa onde permanecemos, que cresceu e passou a integrar a UniSpiritus, junto com 3 outras instituições, são praticamente 20 anos de trabalho. Trabalho mesmo, senão todo dia, ao menos 3 ou 4 vezes na semana ali, entre evangelização infanto-juvenil, palestras, educação e prática da mediunidade, primeiro nas reuniões de evocação ou desobsessão e, depois, também na orientação e no tratamento espirituais. Sem contar a administração, que vai da arrecadação de recursos aos conflitos entre os trabalhadores...

Se ele deu trabalho? Mas é claro! E quem não dá? Ave, Maria... Recordo que ele chegava atrasado a determinada reunião pública, com as pessoas esperando do lado de fora da Casa, na rua, porque só ele tinha as chaves – e era o presidente. E quando aboliu os cursos de estudo do espiritismo, contrariando orientações dos benfeitores espirituais, e acabou, por esse e outros fatores, tendo a mediunidade suspensa pelo próprio Joseph Gleber, só para cair em si e reavaliar posturas?

Começar é difícil, mas há tal investimento do Alto e tamanho entusiasmo, próprio de quem se vê no cerne da concretização do programa reencarnatório, que o momento é de plenitude e festejo. Passados os primeiros tempos, porém, vem a dura realidade do dia a dia, de decidir ou experimentar até que ponto abriremos mão da

[11] Cf. "Uma casa no caminho". In: PINHEIRO, Robson. *Os espíritos em minha vida*. Contagem: Casa dos Espíritos, 2008. p. 312-343, cap. 7.

vida pessoal em nome da tarefa abraçada, entre tantos desafios, a fim de equilibrar os pratos da balança. Vem também a rebeldia, fruto do exagero que frequentemente nos faz exceder limites no afã de fazer e nos dedicar, ou até de fugir de nós mesmos.

Ultrapassar isso tudo, avançar, prosseguir com disposição para reaprender e refazer caminhos: essa a verdadeira vitória. Sem jamais abandonar o barco, Marcos construiu uma história humana, extremamente humana, de dedicação a um mandato confiado pelo Alto. Viveu entre as atividades voluntárias, como líder e referência nas casas espíritas que fundamos, sobretudo na "nossa" Casa de Everilda, e, de outro lado, é um exímio vendedor de livros espíritas e espiritualistas em sua profissão. Sem contar que permanece sendo um grande amigo, que me ajudou como ninguém a atravessar os momentos mais difíceis de minha saúde: a internação às pressas e os 19 dias de coma, em 1997;[12] os 9 meses de cama, em 2006,[13] à época do *Legião*;[14] o linfoma e a quimioterapia, atualmente. É esse manancial, essa estrada trilhada persistentemente ao longo de 25 anos de luta, dia após dia, que este médium tem para oferecer aos espíritos como matéria-prima.

Quer prato mais cheio que esse para alguém como Calunga? Com a irreverência, originalidade e descon-

[12] Ibidem, p. 223-255.

[13] Ibidem, p. 364-373.

[14] Cf. PINHEIRO, Robson. *Legião*. 12ª ed. rev. Contagem: Casa dos Espíritos, 2011. O Reino das Sombras, v.1.

tração que lhe são próprias, esse espírito vem há alguns anos se aproximando, desenvolvendo laços de trabalho e afeto numa parceria produtiva com Marcos. Atua pacientemente sobre o instrumento mediúnico, como um artesão do psiquismo, de forma a modelá-lo para futuras tarefas que, com certeza, apenas despontam e mostram o pálido brilho através desta obra, que nasce da aliança entre os dois mundos.

Você com você traz palavras dinâmicas, que orientam sem pressionar, que incitam à mudança sem engessar nem condenar, que iluminam sem cegar. Deixam o gosto de uma boa conversa entre amigos, um bate-papo recheado de humor e cheiro de coisa nova no ar.

Ninguém merece mais as palavras de Calunga que você. São textos que me tocaram, orientações que podem chacoalhar, positivamente, sua vida. Como diria o Super-Homem: "Para o alto e avante!". Subindo, em direção à espiritualidade, com os pés bem plantados no chão do belo mundo onde existimos.

Belo Horizonte, primavera de 2011.

PREFÁCIO

por Marcos Leão

lembro-me de uma conversa, ocorrida lá pelos idos de 1991, com o espírito Ataíde, por meio do médium carioca Lívio Rocha, então um grande amigo. Estava presente também Robson Pinheiro, que me apresentou o espiritismo e com quem estive junto na fundação de vários núcleos espíritas na região metropolitana de Belo Horizonte, MG.

Era um dos cultos no lar que realizávamos em nossa residência, no Bairro Santa Teresinha, na mesma cidade. Quer dizer, os encontros começaram como cultos no lar, com leituras, preces e a troca de ideias sobre o Evangelho, mas àquela altura já haviam se tornado verdadeiras reuniões espíritas. À nossa revelia, diga-se de passagem, pois nossa pretensão inicial era mesmo somente o culto. Contudo, amigos começaram a vir, e aí...

Naquela noite lá estávamos para conversar com os espíritos, novamente. Era um período, que durou cerca de 18 meses, ao longo do qual nos davam orientações pormenorizadas sobre os projetos que, nos anos seguintes, dariam início formal às atividades sob a liderança das inteligências que dirigem Robson Pinheiro e sua mediunidade. Ouvíamos atentamente, perguntávamos, discutíamos, ouvíamos mais ainda; essa era nossa rotina. De toda forma, a verdade é que não mensurávamos, efetivamente, o que os espíritos tinham em mente… Estávamos diante de uma proposta inteiramente nova, muito embora permanecêssemos participando ativamente dos trabalhos da Fraternidade Espiritual Cristã Obreiros da Vida Eterna, instituição que ajudamos a fundar. E não tínhamos a mínima intenção de partir para outro campo de trabalho.

Entre tantas coisas ditas naquela ocasião, em certo momento o espírito Ataíde, incorporado, olhou pra mim e disse:

– Marcos, você falará para as pessoas; essa será sua atividade principal. Fará palestras que serão ponto de referência nos trabalhos que você e Robson, junto dos demais companheiros, realizarão. Além disso, assim como Robson, mais tarde terá oportunidade de publicar livros com textos dos espíritos.

Na época aquilo soou como algo totalmente impossível. O ano era 1991 e Robson lançaria o livro inaugural através de sua psicografia apenas em fins de 1995. Até poucos meses antes de sua publicação, nem mesmo através dele havia a psicografia de livros. Imagine! É útil mencionar que, após a edição dessa obra de estreia, Robson acreditava que, com *Canção da esperança: diário de um jovem que viveu com aids*, encerrava-se sua produção de livros… Ledo engano. Era só o primeiro de dezenas; uma atividade que jamais deixaria de fazer parte de sua rotina. Agora, imagine comigo! A ideia de publicar livros oriundos de meu trabalho mediúnico, para mim, situava-se entre o delírio e a ficção.

Os anos passaram rapidamente, e vimos, alguns

anos depois, as palavras de Ataíde se concretizarem em nossas vidas. Saímos a campo, a convite dos espíritos, e uma nova instituição surgiu, sob a inspiração dos espíritos superiores e a orientação de Chico Xavier, entre outros intermediários do Mundo Maior. O ano era 1992, e nascia a Sociedade Espírita Everilda Batista, que leva o nome da mãe de Robson Pinheiro. Um pouco mais adiante, a partir de 1996, vieram os primeiros livros psicografados por Robson e a consequente fundação da Casa dos Espíritos. Também com a influência intensa de Chico Xavier, nas orientações tanto quanto nos primeiros passos, a editora nascente teria por finalidade exclusiva a divulgação das ideias espíritas, por meio de atividades comerciais: edição de livros e periódicos, promoção de eventos, entre outras atividades, cuja renda ajudaria a manter a obra beneficente da casa espírita.

Em meio a todo esse turbilhão, eu prestava minha contribuição com as palestras em reuniões públicas, a condução de turmas de estudo da doutrina espírita e de educação da mediunidade, além da participação – ora como médium, ora como terapeuta – nas reuniões de evocação, que é o jeito como fazemos desobsessão em nossa casa espírita, desde os primeiros tempos. A Sociedade Espírita Everilda Batista ia de vento em popa.

Aos domingos pela manhã, a partir do ano de 2001, se não me falha a memória, criamos uma reunião em torno das chamadas cartas consoladoras. Bem nos moldes daquelas realizadas por Chico Xavier e, depois, por Carlos Baccelli e Celso Afonso, na cidade de Uberaba, MG, as reuniões têm por objetivo receber aqueles que buscam notícias de seus familiares desencarnados. Já havia anos que Robson realizava a atividade de modo não regular, mas era chegada a hora de sistematizar esse tipo de psicografia, que se dá em meio ao público.

Enquanto as cartas eram escritas pela mediunidade de Robson, ocorriam palestras em torno do Evangelho, muitas das quais feitas por mim. Passados alguns anos, numa dessas reuniões os espíritos pedem que eu pegue lápis e papel e me posicione à mesa, pois ditariam alguns textos por meu intermédio. Eu deveria, inclusive, lê-los ao final, caso me sentisse à vontade. Mensagens simples, que salientam a alegria, a confiança em Deus e na justiça divina. Trazem temas do dia a dia e incentivam as pessoas a buscar dias melhores. Nos primeiros meses, assinava-se apenas "Um amigo espiritual", porém, no decorrer do tempo, logo apareceu o nome: Calunga.

Evidentemente, não só por ser leitor voraz de livros espíritas, mas também por imperativo da profissão – trabalho em livraria ou editora espírita desde 1988 –, já conhecia esse espírito através de livros de outros médiuns que admiro, como Luiz Antonio Gasparetto e Rita Foelker. E também por meio do próprio Robson Pinheiro, embora de modo ocasional e quase que exclusivamente pela psicofonia ou mediunidade falante. De qualquer maneira, sempre tive muita afinidade com a forma como esse espírito se expressa: simples, direta, sem rodeios, com um jeito popular que jamais descamba para a vulgaridade – traço que admiro à beça.

Entre uma e outra mensagem, vinha uma de sua

autoria. Calunga. Há um peso em assinar o nome de um espírito conhecido, no meio espírita, ou, mais ainda, devido à projeção histórica. Mas não dava pra esconder. *Calunga,* escrevia minha mão.

Eu lia as mensagens ao final da reunião, como indicado, e sempre alguém vinha me pedir cópia dos textos, pois se dizia tocado pelas palavras do espírito. Geralmente, eu atendia ao pedido na reunião seguinte, embora, no corre-corre do dia a dia, tenha muitas vezes entregue o original manuscrito, na própria manhã em que ocorrera a psicografia. Assim se deu por alguns anos.

Durante esse período, sempre dizia que estava em treinamento. É que, em minha cabeça, estava sendo preparado para receber cartas consoladoras, isto é, para escrever mensagens de familiares desencarnados, de forma semelhante ao que Robson já fazia. Nem sei de onde tirei essa ideia... E Calunga "certamente" seria o coordenador espiritual do trabalho. Como a gente se engana, não é mesmo? Certeza de médium é uma piada.

Prossegui com a realização da tarefa semanal sem maiores preocupações, paralelamente às palestras, que nessa reunião ocorrem em número de duas ou três pequenas falas, de aproximadamente 25 minutos cada. Portanto, enquanto as demais exposições ocorriam, dedicava-me à escrita mediúnica.

Num desses encontros, Calunga manifesta-se pela psicofonia de Robson Pinheiro e me diz bem assim, de supetão, com o jeito que lhe é próprio:

– Marcão, o que você pretende fazer com essas mensagens? Vai ficar com elas só pra você, é isto?

– Não sei – respondi. – Ninguém me disse nada! Somente pediram que eu as escrevesse, e é o que até o momento estou fazendo...

Sabe como é, essa coisa de médium passivo, que fica esperando que os espíritos façam tudo, instruam a respeito de cada passo... Ardilosamente, esquivei-me da pergunta do amigo espiritual. E ainda saí com pinta de obediente! Trata-se de uma atitude típica daquele que não quer assumir responsabilidades. Naquele momento, eu adotava essa posição.

Calunga não se fez de bobo. Deu uma gostosa risada e emendou:

– Marcão, você não tem jeito mesmo, rapaz. Por que você não passa os textos para o Leonardo?[1] Ele saberá exatamente o que fazer com eles.

Eu levei um susto. O nome Leonardo significava edição de livro. Ou seja, os escritos se transformariam em livros. Meu Deus! Minhas pernas tremeram, fiquei sem fala... Foi terrível.

Apenas para situar: essa sugestão última de Calunga se deu numa manhã de domingo, em meados de 2006. Guarde essa data. Tive a audácia de responder ao espírito que *imediatamente* entregaria os tais textos.

A partir daquela ocasião, foram frequentes os momentos dedicados à escrita em parceria com o amigo espiritual, tão humano e próximo da gente. Alguém pode estranhar o que acabo de dizer, mas no meio espírita há espíritos retratados como tão evoluídos ou

[1] O espírito referia-se a Leonardo Möller, editor da Casa dos Espíritos.

santificados, que nem parecem humanos, gente como a gente, já percebeu? São tão distantes, que fica difícil identificar-se com os aconselhamentos e diretrizes por eles sugeridas. No entanto, ali estava o Calunga, disposto a partilhar seu conhecimento, seu bom humor comigo, em horas de trabalho que eram aguardadas por mim com muita ansiedade. De certo momento em diante, todas as quartas-feiras, a partir das 20 horas, eram consagradas a esse intercâmbio prazeroso, fosse em casa ou onde eu estivesse, até mesmo nas viagens a trabalho que realizo, representando a Casa dos Espíritos nos eventos do livro pelo Brasil.

Não se engane, porém. Nada aconteceu tão fácil assim, como faz soar um relato ligeiro como este. De minha parte, a resistência era enorme. Como disse, guardei os textos a sete mil chaves durante anos, ao longo dos quais Robson me perguntava por eles:

– Onde estão? Já passou para Leonardo os textos do Calunga?

– É que preciso digitar as mensagens e fazer alguns ajustes... – eu dizia qualquer coisa para desconversar, fugir da cobrança...

Até que, no início de 2011, recebi uma ordem, vinda do autor dos textos – o Calunga em pessoa. À sua maneira, questionou-me, através da fala de Robson Pinheiro, como das outras vezes:

– Então, Marcão, vai ou não liberar os escritos?

A essa altura, há tempos já psicografava diretamente no computador; não mais havia a necessidade de papel e lápis. Portanto, a desculpa de digitá-los não colava mais. Com auxílio de Robson, que me ajudou a organizá-los, finalmente encaminhei os textos para Leonardo, para alívio de todos.

Nesse logo período, minha convivência com Calunga tornou-se amizade. Converso com ele, vejo-o como um companheiro interessado em ajudar. Com seu jeito simples e prático, ele consegue transportar para seus textos a flexibilidade daqueles que têm o desejo sincero de transmitir algo de bom e verdadeiro. Em alguns momentos, nas noites de atividade, eu ria muito ao ler o que havia sido escrito, e diversas vezes ficava me perguntando como ele consegue falar de situações sérias e até graves, que geram tanto desconforto ao ser humano, de maneira tão suave e descomplicada.

Agora, o livro se torna realidade. Fico imaginado a satisfação de Calunga e de tantos outros espíritos que direta ou indiretamente participaram deste projeto. Tenho por base a minha!

Finalmente, resta a vontade sincera de agradecer, na certeza de que Deus oferece oportunidades praticamente ilimitadas a todos aqueles que buscam fazer sua parte. Obrigado a meus companheiros de jornada, Robson Pinheiro e Leonardo Möller, que me incentivaram e me apoiaram. Lembro também o espírito Ângelo Inácio, autor de diversos livros por intermédio de Robson, que me ajudou com sugestões e dicas, editor do Além que é para nós, na Casa dos Espíritos. Sou grato ainda aos amigos da Casa de Everilda Batista, que vibravam com cada página escrita, e, claro, ao autor. Calunga, agradeço pelo carinho e paciência com este seu pupilo.

Deus lhe dê em dobro ou muito mais toda a energia boa que você me faz respirar. Muito obrigado!

Belo Horizonte, primavera de 2011.

AGRADECIDO PELA VIDA

vejo tanta gente reclamar da vida... Nas ruas, nas casas, no trabalho o discurso é quase unânime: "A vida está difícil, a violência só faz crescer, a sensação de abandono é cada vez maior".

Viver é um ato de coragem. É verdade, o mundo tem exigido um pouco mais de nós. De fato, a solidão a que se entrega o homem moderno é um monstro que devora os sonhos e a vontade de continuar em frente. Certamente tenho que concordar. Mas mudemos um pouco o foco de nossas atenções – e, quando falo *um pouco*, é apenas o suficiente para enxergar o outro lado. Temos muito a agradecer à vida por todas as conquistas que nós, humanos, já fizemos. Descobertas em vários setores da vida, derrubada de certo número de tabus e preconceitos, sistemas sociais e políticos arcaicos que aos poucos vão sendo substituídos por novos modelos, que oferecem aos povos mais dignidade e liberdade. Vivemos um tempo de mudanças radicais, onde tudo está sendo colocado à prova. Valores morais, posturas comportamentais, estrutura familiar: tudo arde no fogo da renovação.

"Não penseis que vim trazer paz à terra. Não vim trazer paz, mas espada",[1] já acenava Jesus. A paz que

[1] Mt 10:34. Todas as citações bíblicas são extraídas da fonte indicada (BÍBLIA de referência Thompson. Edição contemporânea de Almeida. São

tanto almejamos há de ser conquistada pela arma da renovação. Espada, arma branca que simboliza ação, atitude, movimento e, acima de tudo, luta, batalha.

Para se conquistar algo, é preciso esforço. Aqueles que não estão dispostos a se juntar aos que já entenderam a proposta da vida estão à margem, reclamando por atenção, pois se julgam injustiçados por Deus, pela sociedade, pelos governos e por tudo o mais que possa encobrir a preguiça e a indisponibilidade íntima de interagirem e se adaptarem ao momento atual. A estes, sim, o sofrimento parece – e por longo tempo parecerá – enorme e fruto de castigo divino.

A permanência nesse estado de alma os levará à morte em vida, convertendo-os em verdadeiros zumbis, sanguessugas da sociedade, da família e das instituições. Descrentes de si mesmos, não veem alternativa a não ser *sobreviver*. E quem se põe na condição de sobrevivente não faz qualquer objeção aos métodos mais aviltantes e degradantes, optando por, simplesmente, "ir levando". Ocorre que não estamos aqui para sobreviver, mas, sim, para viver, e viver em abundância.

Por outro lado, aquele que faz de sua vida uma arena abençoada, que aproveita as oportunidades para fazer-se novo, reinventando a vida, empregando criatividade, bom-senso e disposição, abre-se à vida plena, que tem como prêmio a satisfação, o prazer de viver. Mergulha na vida dando braçadas, com esforço e con-

Paulo: Vida, 1990), exceto quando há menção em contrário (BÍBLIA de referência Thompson. Nova Versão Internacional. São Paulo: Vida, 2000).

fiança na assistência divina em medidas iguais. Avança de manhã em manhã apresentando as flutuações de humor inerentes ao ser humano, mas acorda imbuído do espírito daqueles que com ele enfrentam os desafios diários, de cabeça firme e coração tranquilo.

"Se tiverdes fé como um grão de mostarda, direis a este monte: Passa daqui para acolá, e ele passará. Nada vos será impossível".[2] A força denominada fé, à qual Jesus atribui tamanho poder, traz em seu bojo outros elementos, que a fazem ter tanto alcance. Determinação, vontade, dinamismo, alegria, inovação e perseverança são alguns desses ingredientes, que, reunidos na máxima do rabi galileu, são capazes de operar prodígios, por menores que pareçam ser.

Está na hora de mudar essa cantilena! Vamos parar com esse coro de sofredores e resgatar a dignidade de sermos filhos de Deus, irmãos de Jesus. O mundo mudará e será o que sonhamos somente e tão somente se tal transformação ocorrer primeiro em nosso mundo interior. Enquanto isso não acontecer, ele não será diferente, não; isso eu garanto. Façamos o esforço de nos tornar melhores – humanos, apenas – e seremos capazes de nos sentir alegres ao perceber, ao redor, cores, sons e aromas agradáveis, produto de nosso empenho e conquista.

Portanto, ao levantar-se e iniciar o dia, pare um pouco e agradeça a Deus pela oportunidade da cama que acolhe seu corpo cansado; pelo café, que toma

[2] Mt 17:20.

apressado; pelo ônibus ou metrô lotados, mas que o levam à escola ou ao trabalho. E, invocando o que de melhor você tem no coração e na alma, abra a boca e deixe sair um sonoro e radiante "Bom dia!". Esse dia certamente será especial. Experimente.

VOZ DIVINA

bem-vindo ao século xxi! Bem-vindo! Quem diria? Contrariando profecias populares, chegamos ao ano 2000 e passamos dele. Claro que não foi nada fácil, quantas perdas, guerras, doenças, etc. e tal. Mas cá estamos no século da tecnologia, da rapidez e do consumo.

Espere um pouco, espere aí... Vejo ali na frente alguém com fome; logo adiante, um velho abandonado. Ué... E aquela fila enorme em frente ao posto de saúde, que já deveria estar aberto a esta hora? Ih!... Alguém acaba de ser assaltado.

O que se passa, então? Quer dizer que toda a modernidade da chamada era digital não foi capaz de transformar o homem, de melhorar sua situação moral? O que houve? O que mais falta? Meu Deus, quantas perguntas e dúvidas!... Será que alguém pode me ajudar?

Paro um pouco e começo a sentir uma força interna que me leva a uma posição de análise e profunda reflexão. Uma voz serena se faz ouvir, que parte de dentro de mim.

– Meu amigo, não se surpreenda tanto! Esta é a sociedade que tenta, à sua maneira, descobrir seus dons divinos. Não estranhe se eu disser a você que todas essas engenhocas imitam potenciais que são da alma ou refletem aspirações profundas do homem. A rapidez com que se fala ao celular, por exemplo, é somente um reflexo pálido da verdadeira linguagem da alma, que é o pensamento.

"Você ainda deve descobrir quem é. Mas, na ausência da vontade firme que é necessária para realizar a pesquisa interna e descobrir sua força, acaba optando pelo mais fácil, que é usar o potencial divino dentro de você em prol apenas da satisfação pessoal; nada mais. Para grande parte dos seres humanos, isso se traduz em prazer a qualquer custo e exercício do chamado poder. Ser notado pelo que possui, pelo pretenso poder que tem, e não pelo que é, na essência.

"Não é de se admirar sua escolha, pois ainda não compreendeu a célebre proposta de se conhecer, mesmo apesar dos inúmeros convites feitos em vários momentos da história humana.

"Digo a você: num período que não posso precisar, o homem assistirá ao nascer de uma nova sociedade, que surgirá de maneira irresistível. Como consequência de uma era em que se buscou a saciedade a todo custo, em que o valor esteve mais ligado a *ter* do que a *ser*, o ser humano será levado a observar com mais clareza os propósitos que o norteiam. Cercado de máquinas que fazem de tudo, questionará, como criança: 'De onde vim? O que faço aqui? Para onde vou?'"

Após ouvir essas palavras, algo mais extraordinário ocorre. A voz silencia e uma tela limpa, grande, surge diante de mim. Parecendo de uma tecnologia de última geração, de repente é preenchida por caracteres gigantes. Ora, Deus é adepto da informática? Ele faz parte da rede?

– Bem-vindo, meu filho! Há muito o espero. Nas várias etapas em que seu espírito estagiou, estive com você, aguardando seu despertar. Hoje é dia de sua ressurreição. Que alegria!

"Nesses séculos todos, você teve a oportunidade de exercitar sua criatividade, seu poder divino de transformar e construir. Quantas civilizações erguidas e transformadas! Sabe, meu filho, enviei vários mestres para auxiliá-lo, em épocas diferentes e com características distintas. Filósofos eminentes, artistas, religiosos, pessoas do povo, políticos. Nossa! Quantas histórias e emoções fortes... Parece até uma novela sideral.

"E você, hein? Sabe que, em certos momentos, alguns mais próximos apostaram em seu fracasso? E eu sempre dizia: 'Pensa que criei algo fadado ao insucesso? Espere e verá a virada que ele vai dar'. Afinal, são facetas da minha personalidade a onisciência e a onipresença. E aí esta você, inteiro, muito embora com alguns ferimentos, mas que fazem parte da vida. Sente-se feliz, realizado? Não minta pra mim; eu sei tudo."

– Não, não me sinto. Falta algo – respondo.

– Venha cá. Vou apresentar algo que sua tecnologia não ofereceu ainda. Venha!

Paro por um momento diante de uma imagem tridimensional, viva e exuberante:

– Mas... Espere um pouco. Este sou eu! Não estou entendendo.

E, uma vez mais, ouço a voz interna:

– Isso pode parecer bobo; quase uma receita contida nos populares livros de autoajuda. Mas a verdade é que no decorrer do caminho você se distanciou de si mesmo, de seus valores e sonhos. Daí essa insatisfação, que o faz buscar novidades incessantemente, mas elas não lhe trazem paz nem serenidade. Apenas desenvolve e consome produtos, mais e mais, na tentativa de preencher o grande vazio que a ausência ou o distanciamento de si mesmo lhe provoca.

"'Entra no gozo do teu Senhor',[1] satisfaça-se ao contemplar a presença dele em sua intimidade. Tenha a alegria de conhecer-se e perceber quais são seus sonhos. Aproveite este momento de reencontro consigo mesmo, processo que compensa todo o esforço do caminho e que descortina o propósito para o qual você foi criado, que é ser feliz. 'Entra no gozo do teu Senhor'."[2]

[1] Mt 25:21,23.

[2] Idem.

SATISFEITO, INSATISFEITO

estou aqui de novo, pensando, pensando. Tantas coisas passam por minha mente... Nós, seres humanos, somos muito engraçados; nunca estamos satisfeitos com nada, não é mesmo?

Acho que essa insatisfação é inerente ao renascimento, à vida terrena. Deus deve pensar mais ou menos assim: "Vou colocar este indivíduo no mundo que criei, que deve se transformar pela atuação dos homens, minhas criaturas. Todos os espíritos terão as mesmas condições. Não pode haver privilégios, por isso os farei simples e ignorantes. Certamente a Terra refletirá o estado de alma dos que lá habitam".

Continua Deus, na minha imaginação: "Mas tenho de estabelecer certas regras, porque, se não o fizer, será um deus nos acuda, cada um entendendo que é permitido fazer e acontecer. Vou estabelecer leis cujo objetivo será favorecer meus filhos. Serão como um código de conduta, visando a uma boa relação comigo, com seu semelhante e, acima de tudo, com o planeta. Porém, como fazer com que essas leis sejam obedecidas? Não posso dar tudo de mão beijada. Não seria justo nem bom; ninguém aprenderia nada e não haveria desenvolvimento. Mas também não posso ocultá-las. Vamos pensar. Se as escondo, o homem não as procurará; se as mostro, ele não as valorizará! Ai, ai, ai! Já sei. Farei meio a meio. Já que o homem deve esforçar-se em busca de aquisições, conforme eu mesmo estabeleci, pouco a pouco conquistará a liberdade de agir, entre outras coisas. Porei informações sobre essas leis em seu próprio interior; para ser exato, em sua própria consciência. Dessa maneira, esteja em que nível estiver, jamais poderá acusar alguém de suas derrotas e fracassos e terá a alegria de sentir-se bem com seus sucessos. Pronto!"

Espere um pouco. Foi aí, nesse exato momento, que nasceu a insatisfação. Penso que sim. Pois, uma vez conquistado o raciocínio, senhores de certa liberdade – que é sempre proporcional à nossa condição de administrá-la –, nós, homens, nunca, ou pelo menos não tão cedo, nos sentiremos saciados em nossos sonhos, desejos e quereres.

Sendo a evolução constante e eterna, então por que essa insatisfação algumas vezes nos faz mal? Não é engraçado? Parece óbvio que ela atesta nossa pressa, nossa ansiedade de chegar a algum lugar. Assim, essa sensação cria um vazio que tentamos preencher com o que estiver à mão, sem refletir muito a respeito. É aí que tomam forma o consumismo desenfreado, o exagero de alimentos, de bebidas e tudo o mais, os relacionamentos-relâmpago, o troca-troca de empregos, amigos, parceiros... Novas emoções, novas sensações, novas coisas, novas, novas e novas, mas sempre velhas situações. Vêm apenas com o embrulho novo e ilusório de nossas expectativas. Quando tiramos os laços da fantasia e abrimos a caixa, descobrimos que já vivemos aquele momento, sentimos emoções semelhantes. Nessa hora aparece o desânimo e a falta de entusiasmo.

Mas somos ainda tão desatentos... Basta uma

noite bem ou mal dormida e o véu da amnésia nos envolve. De repente, olha só a gente de novo, à cata de novas emoções!

Ah! Insatisfação... Quem sabe não foi esse o fator que levou Deus a criar? Quem sabe? Nessa hipótese, o que nos diferenciaria, então, do Criador? Jesus afirmou que nosso potencial de realização é proporcional a nossa fé[1] e ao conhecimento da verdade.[2]

Em que parâmetros devemos nos basear para tornar proveitoso esse frio na barriga, essa fome de não sei o quê, a que chamamos insatisfação?

Sei lá. Uma coisa posso afirmar, sem medo de errar. Encarar a insatisfação como estímulo pode ser um dos caminhos, pois o que levou a civilização ao ponto aonde chegou foi essa bendita insatisfação. Sendo assim, o que nos falta é lhe dar uma aplicação saudável, que somente será possível com o auxílio de outros recursos que já conquistamos, tais como bom-senso, critério, eleição de prioridades e, acima de tudo, responsabilidade.

Acho que, se parar por aqui, tanto eu quanto você já temos material de sobra para pensar. Ai, essa tal de insatisfação!

[1] Cf. Mt 17:20.

[2] Cf. Jo 8:31-32.

AMIGO VERDADEIRO É AMIGO DE VERDADE

amizade é algo valioso. Ter um amigo é ter a certeza de amparo, de uma mão que se estende e nos apoia em todos os momentos de nossa vida. Penso que essa relação de amor é que faz com que alguns espíritos se aventurem a nascer ou renascer na Terra.

Quantos corações amigos deixamos na espiritualidade ao reencarnar, que do Alto velam por nós, na retaguarda? Quantos espíritos se comprometeram a nos ajudar na nova vida física? Já parou para pensar nisso? Na correria do dia a dia, a gente nem se apercebe dessas coisas. Contar com a força de pessoas que nos amam e apostam em nosso êxito atesta o amor de Deus para conosco.

Às vezes pensamos que Deus nos joga no mundo, sem eira nem beira, como se fôssemos espíritos miseráveis. Mas espere aí! Somos o que de melhor existe na Terra, e nem estamos prontos ainda! Deus, porém, que é pai, sabe de nosso valor. Diante de uma vida de possibilidades, nos faz vir embalados, entre tantas coisas, pelos sons de vozes do espaço que querem nosso bem. Isso simplesmente é demais!

Então, você, que está aí, desolado, cabisbaixo, choramingando pelos cantos da casa. É, você mesmo! Pense bem: não acha que está na hora de parar com isso? O tempo está passando e os que o amam aguardam uma atitude sua, algo coerente com o que foi combinado antes de você nascer. Coragem, minha filha, meu filho! Levante e ande, em nome de Jesus.[1] Já! Agora!

Já sei. Vai dizer que não lembra o que foi combinado, portanto não tem obrigação de mudar, de tomar uma atitude. Tudo bem; lembrar não lembra, mesmo. Mas vou dizer algo que certamente vai mexer com seus brios. Ninguém nasceu para ser pedra de tropeço na vida de ninguém, não, viu? Sejam parentes ou amigos, não me venha com a desculpa de que você nasceu para sofrer... Isso também não cola mais; é uma grande mentira. Quando se entrega a essa atitude de derrota, não é somente você quem sofre.

Talvez não entenda ou não acredite que exista vida espiritual. Até aí, tudo certo; cada um tem suas convicções. Mas e quanto a seus amigos e parentes físicos que estão à sua volta, hein? Estes que você vê todo dia, seja em casa, na rua, no trabalho ou nos momentos de lazer; estes que lhe telefonam, que o convidam pra sair, ver pessoas... Você acha que vieram de onde? Eles estão à sua volta por obra do Pai.

Não quero lhe decepcionar, mas foram Deus e os amigos espirituais que colocaram essas pessoas a seu redor. São os frutos de relações construídas no decorrer dos séculos, nos quais sua alma e a deles fizeram histórias em comum, estreitando laços, ora de carinho

[1] Cf. At 3:6; Jo 5:8.

e afeto, ora de conflito – que são duas faces da mesma moeda. São esses os amigos, mesmo que você os enxote com seu mau humor, que sábia e amorosamente Deus e os benfeitores da Vida Maior distribuíram em torno de você, já sabendo que em vários momentos eles lhe seriam tábua de salvação.

– Salvar de quem ou do quê? – você pode perguntar.

Eu lhe respondo, sem nenhuma cerimônia:

– Sabe de quem e do quê? De você mesmo, de seus acessos de mau humor, depressão, baixa autoestima etc.

Como dizia no começo de nossa conversa: amigos são verdadeiros tesouros. Viver ao lado desses anjos protetores é, sem dúvida, uma das maiores demonstrações do amor de Deus para conosco.

Sendo assim, deixe de bobagem. Lave o rosto agora, pegue o telefone e ligue para um deles e diga: "Sim! Eu aceito o convite", seja para ir à festa, ao cinema ou apenas para andar à toa pela cidade. Aproveite! Não deixe passar este momento, não dispense a atenção de um bom amigo. Essa será uma das estradas que o levará a seu destino divino, que é ser feliz. Aproveite.

O CASAMENTO EM OITO POR DOIS

o que está acontecendo? As matérias de jornal dizem que nunca se casou tanto; as pessoas têm lotado os templos religiosos em busca das bênçãos matrimoniais. Padres, pastores e outros sacerdotes têm oferecido suas palavras sacramentais a torto e a direito. Fico pensando: se há tanto casamento, por que tanta criança no desamparo? Por que tão grande número de lares se tornam verdadeiras arenas de combate?

Afinal, não é amor que conduz as pessoas ao altar? Penso, penso e chego a certas conclusões. Me corrija se estiver enganado: até pode ser amor que leva à concretização da união, mas esse amor é construído e vivido sob o império da ilusão e da fantasia. São máscaras e mais máscaras muito bem ajustadas à personalidade dos futuros cônjuges. Verdade!

Pense comigo. A paquera começa com olhares furtivos e tem um gosto de aventura. Naturalmente, o instinto tem grande parcela de contribuição nesse momento de atração. Ao mesmo tempo em que olhamos, fazemos pose, a fim de que as conclusões que o outro tira a nosso respeito nos favoreçam e nos encorajem a seguir em frente na arte da sedução. No caso do homem, em particular, encolhe-se a região abdominal, principalmente se ele estiver acima do peso.

O segundo passo é nos aproximarmos e envolvermos aquele que desejamos com a palavra e certos gestos estudados, cheios de outras intenções. Uma das máscaras que o galã veste é esta: "Sou seu par perfeito. Veja como sou intrépido, charmoso e sei valorizar este momento tão especial. Além disso, sou sensível também". Se for ela quem seduz, tradicionalmente o teatro é para demonstrar fragilidade, doçura e romantismo.

A terceira etapa é a do contato físico, feito através de um beijo no rosto, um aperto de mão ou algo mais audacioso, como um abraço mais envolvente, talvez com direito a uma escorregadela de mão ou – quem sabe? – certa pressão a mais.

Em seguida, chega-se à etapa número quatro, que trata do encontro para que os dois se conheçam melhor. Normalmente, o que se vê é uma sucessão de palavras, gestos e gentilezas – *amor* pra cá, *benzinho* pra lá – que não correspondem nem de longe ao que cada um realmente é. São máscaras, simplesmente; afinal, o que se quer é impressionar. Em ritmo parecido com esse acontecem novos encontros e um pseudoconhecimento mútuo.

Ato importante da encenação é a fase cinco, perante os familiares, que devem receber tratamento VIP. A futura sogra é senhora distinta, que, por sua vez, diz alto e bom som: "Ganhei mais um filho" (ou filha), e imediatamente assume o papel de mãe postiça. Convence a todos. O pai beija a futura nora e lhe garante o apoio incondicional, pois o filho não poderia ter escolhido melhor. "Boa moça, de família. Esta é pra casar." Se for genro, é: "Filhão, venha pra cá! Dê um abraço. Qual o seu time?". Na hora de apresentá-lo, não poupa elogios: "Homem trabalhador, honesto".

Nessa avalanche de agrados e afagos, chegamos à sexta etapa – a celebração do casamento. Convites para todos, sem exceção, "inclusive para aquela velha tia encalhada, da qual ninguém gosta". Traje dos noivos alugados, e dos padrinhos, idem. Igreja, fotógrafo, carro para levar a noiva, flores, música, festa; tudo muito bem pago, gastos e mais gastos. Mas tudo bem. Afinal, esse é o dia mais feliz de nossas vidas. Depois, lua de mel e finalmente começam os dias, meses e, para alguns, dois, três anos até a chegada à nova fase.

Ah! Os filhos, a alegria da família. A sétima etapa muitas vezes é marcada pelo despreparo que os filhos encontram nos pais, que dão carta branca àqueles que deveriam educar. Como se fosse uma distorção do versículo famoso: "Tudo posso naquilo que me oferece".[1] Oferece o quê? Um lar onde não existem regras, bom-senso nem limites. Diante desse quadro, que atesta a incompetência em criar os filhos e educá-los, muitos pais transferem a missão de educar seja para babás, professores ou avós, seja para videogames e outros aparelhos eletrônicos, além de proporcionar um exagero de regalias: sanduíches, refrigerantes, doces, brinquedos; tudo em excesso, numa tentativa de compensar a falta de

[1] Cf. "Tudo posso naquele que me fortalece" (Fp 4:13. Nova Versão Internacional).

atenção e de presença. Sem contar aqueles que deixam as crianças, indefinidamente, na rua.

E assim chegamos à oitava e última fase. Um dia, uma das almas gêmeas acorda, olha para o lado e vê o que nunca teve vontade de enxergar: a realidade. Esta afronta o ex-pombinho de tal forma que ele toma a decisão de fugir e romper com o compromisso, que se tornou insuportável. E é insuportável mesmo, pois foi construído, como disse no início de nossas reflexões, sob o império da ilusão e da fantasia. Ele não é o príncipe encantado, nem ela é a princesa indefesa. Aliás, ambos têm mais de sapo do que de realeza. Almas gêmeas no começo da relação tornam-se *algemadas* pouco tempo mais tarde. E agora? "Vamos nos separar. O amor acabou."

E assim prosseguem as igrejas, lotadas aos finais de semana, com noivas esplendorosas e convidados fazendo filas nas escadarias, assim como os cartórios permanecem também lotados nos dias de semana, cheios de casais ansiosos por assinarem suas certidões de divórcio. Que sejam felizes para sempre!

A SAÚDE NOSSA DE CADA DIA

este é o século da saúde, da tal qualidade de vida. Tudo e todos anunciam descobertas da ciência e da medicina que garantem aos homens e mulheres vida longa e saudável. Segundo se sabe, nunca se viveu tanto, e nunca se quis parecer tão jovem por tanto tempo.

A indústria cosmética lança a cada dia novos cremes, hidratantes, loções, filtros e perfumes que prometem devolver a maciez e a juventude à pele e aos cabelos. Até os homens, tradicionalmente avessos a tais providências, pouco a pouco se rendem aos apelos da indústria e da estética. Campanhas publicitárias mais ou menos criativas apresentam produtos, institutos de beleza, clínicas de cirurgia plástica, tratamentos estéticos, complementos alimentares, academias de ginástica e musculação, entre tantas outras coisas, que vendem uma espécie de ponte para a tão aclamada vida eterna – hoje, agora, no mesmo e perfeito corpinho.

Tudo isso tem um lado positivo, tem seu valor e importância. São conquistas do ser humano, que, em certa medida, o fazem mais animado – contente, talvez – e disposto a levar avante seus compromissos com a vida.

Mas não nos iludamos. Precisamos de mais, bem mais. Devemos, sim, investir em nossos corpos, dando a ele condições de se entender melhor com o que o anima e o faz instrumento valioso no reino da criação. Porém, existe outra parte de nosso ser que precisa ser tratada e estimulada a prosseguir, também.

Essa outra parte é nosso espírito, o diretor de nossa existência, que sente e decide de acordo com os valores que adquire no dia a dia de múltiplas escolhas e decisões. Nesse aspecto, devo dizer que bem pouco tem sido oferecido ao espírito. Ao menos, a proporção é bem menor do que aquela investida no perecível – ops! – corpo físico.

A alma necessita de atenção, de voltar-se para aquilo que nos diz respeito como criaturas imortais. Isso é de suma importância, pois é justamente a seleção de coisas que a nutrem e alimentam que acabará por determinar a tão propagandeada qualidade de vida.

Por incrível que pareça, determinante não é a casa no campo ou o tamanho da área verde onde se constrói a morada, como sugerem os anúncios de empreendimentos imobiliários. Sim, é isso mesmo. Podemos ter xampus fabulosos que deixem nossos cabelos sedosos e macios como uma pluma, mas de que adianta essa boa coisa se nossos pensamentos estiveram em desalinho, se nossa mente for um poço de desequilíbrio e ilusão e se não formos capazes de tranquilizar nossa casa mental?

Certamente, os lábios cobertos por um batom na cor da moda, que salta aos olhos de quem cruza seu caminho e lhe faz sentir-se desejada, pode acender algo, fazer você mais viva. Porém, se esses mesmos lábios expelem grande volume de palavras e frases que demonstram o estado de equívoco no qual sua alma se mantém, que proveito há? Palavras que criam desconforto abrem possibilidade para atos de violência e incompreensão.

Corpos malhados, que ostentam horas e horas de exercícios físicos e projetam uma imagem de saúde e bem-estar, exibidos em roupas minuciosamente escolhidas a fim de evidenciar ao máximo os contornos torneados – sou capaz de reconhecer que podem proporcionar a sensação de poder e o *sex appeal* digno de um artista hollywoodiano. Contudo, que importa todo esse investimento se esse mesmo corpo tão cultuado é muitas vezes entregue sem reservas a mãos e bocas que o desejam de maneira abusiva, egoísta e sem limites, talvez mais por despeito que por afeto? Tudo parece revelar apenas a fragilidade e a limitação da alma que o ostenta.

Somos uma composição de energias que se manifestam em estágios e estados distintos, no que tange às emoções, às atitudes e aos pensamentos. Não é difícil perceber que, ao acionar nossa vontade em prol de algum objetivo, existe uma resposta energética que, cedo ou tarde, chegará à sua fonte, ou seja, à nossa mente, ao nosso espírito. Tal energia é ainda mais avassaladora do que quando foi criada e lançada, pois ao longo do tempo percorreu caminhos e aglutinou em torno de si vibrações semelhantes, adquirindo consistência.

Portanto, se você deseja ser feliz e saudável, não descuide da saúde como um todo – corpo e alma. Embelezar nossa essência é prazeroso, pois nos leva a desenvolver uma das relações mais fantásticas do universo, que é a amizade consigo mesmo.

Fazer essa excursão à intimidade de nossa alma nos faz descobrir valores que nos conduzirão a escolhas mais acertadas nesta terra de meu Deus. Quando aprendemos a utilizar o grande manancial de recursos que Deus oferece a suas criaturas, tornamo-nos incansáveis em nossa busca pelo melhor.

Ao se dirigir à mulher samaritana, na fonte de Jacó, Jesus se referiu a esse manancial de recursos que brota da intimidade à medida que o ser vai se descobrindo.[1]

Amadurecer é adquirir desenvoltura frente a qualquer obstáculo, pois a alma preexiste, sobrevive e é mais forte que os obstáculos; eles passam, enquanto ela permanece a brilhar nos palcos do universo.

Sendo assim, digo a você: se cuide, sim. Faça tudo o que for possível para estar bem, bonito, com cabelos arrumados, roupa elegante e dentes bem cuidados. Mas, se quer mais do que simplesmente bem-estar, não descuide de sua alma. Cuide dela. Descubra seu potencial e embeleze o mundo com sua presença.

[1] Cf. Jo 4:6-15.

O TEMPO PASSA, O TEMPO VOA

ontem você tinha 10 anos de idade e corria pelas ruas livre, leve e solto. Os quintais eram terrenos amplos onde a imaginação criava monstros, castelo e lutas gloriosas. A escola era um momento de aprender as letras, e o mestre, alguém que se respeitava. Às vezes você ficava horas a admirar o céu e as nuvens que por ele passeavam. "Olhe! Aquela parece uma borboleta e aquela outra, um cavalo" – e assim por diante.

De repente, você fez 14 anos. Que coisa esquisita ter essa idade... "Às vezes me sinto gente grande, quero o mundo, acho que ele me pertence. Mas, noutros momentos, sou criança, de novo tenho medo; choro, até. Meu corpo está meio sem jeito, esbarro em tudo, parece que as coisas diminuíram de tamanho e os espaços estão menores."

Opa! Agora completou 30 anos. Homem feito, ou mulher gente grande, o tempo agora passa bem mais ligeiro. Quantas responsabilidades: família, trabalho, aluguel, filhos. Muita coisa exige sua atenção, a todo momento. As pessoas olham pra você na rua, lhe cobram posturas, opiniões, realizações e conquistas.

Já chegou aos 50? Mas nem viu o tempo passar... O corpo já não é mais o mesmo e começa a dar sinais de que está se tornando frágil, não é mesmo? E ele cobra também – quem sabe? – alguns excessos da juventude. Tudo requer um pouco mais de esforço: os olhos já não enxergam com a mesma precisão, escutar pede um pouquinho de concentração.

Logo chegam os 60 anos. Os filhos estão adultos; os netos vêm visitá-lo com sua barulhada e correria. No seu tempo, não era assim. As crianças respeitavam os mais velhos. "Ah! Se eu falasse assim com meu pai... Deus me livre! E esta música de hoje? Somente pouca--vergonha! No meu tempo, as coisas eram mais sérias, e a música, era música boa."

Parabéns pra você! Está completando 70 anos. As mãos estão frágeis e mais delicadas; parece que você diminui de tamanho. Os passos lentos o levam mais demoradamente aonde quer ir. Não faz mal; você não está com pressa, mesmo. Seus netos agora são adolescentes e já estão namorando. Você mira os dias, um após o outro, numa sequência que, às vezes, parece longa demais. Está aposentado e preenche sua rotina com alguns afazeres domésticos, alternados com as visitas regulares a médicos, fisioterapeutas e outros; afinal, sempre tem alguma coisa para cuidar. "Tudo bem" – diz o doutor –, "sua pressão é a de uma criança. Seu coração é o de um jovem de 20 anos. O senhor tem uma saúde de ferro! Vai durar muito, ainda. Só tem de tomar cuidado é com o sal e não deixar de fazer alguma atividade física. Além de tomar o remédio na hora certa, é claro. Assim, tudo correrá bem."

Um dia nasce, um entre todos, mas você sente

algo diferente no ar. As cores estão mais vivas; os sons, mais vibrantes. Sente certa nostalgia e vêm à memória cenas de sua vida, ainda com mais força. A infância no interior; modesta, mas digna. Os amigos, a professora, as noites no solar da porta ouvindo as histórias de seu pai. A mudança para a cidade grande, atrás de oportunidades de estudo e trabalho. Os primeiros amores, o casamento, os filhos e tudo o mais.

Uma mistura de saudade e alegria, tristeza e contentamento enche o ar. Você fecha os olhos e sente a alma elevar-se... É o momento do adeus.

A vida se esvazia leve e plena. Sua consciência fica meio confusa. Passado e presente se misturam, numa sucessão de imagens, pessoas e locais. De repente, silêncio. Algo diferente visita seu coração e você abre os olhos. Para sua surpresa, o que está diante de você? Vida, mais vida; nada de morte. Agradecido, você diz: "Senhor! Obrigado, Senhor!".

O FIM ESTÁ PRÓXIMO

o que está acontecendo no mundo? Será que estamos chegando à reta final e a humanidade desaparecerá da face da Terra? Algumas pessoas, quem sabe um número acentuado, afirmam que sim.

O fim está próximo? Há quem diga: "Se não for o fim de alguma coisa, de um período da humanidade, como explicar tantas mortes, catástrofes naturais, guerras e doenças? Não há um dia que não tenhamos noticiários com informações de alguma tragédia. São maremotos, enchentes, terremotos, vulcões que expelem fogo e enxofre pelos ares. Cruz-credo! É o apocalipse".

Aqui onde estou me perguntaram:

– Calunga, o fim realmente está próximo?

E eu, sem a menor cerimônia, respondi, de pronto:

– Se está próximo, não sei; porém, que é o começo do fim, isso posso afirmar, certamente.

Gente, mal acabei de falar e o que vi foi uma agitação só, aquele burburinho; espírito correndo pra tudo quanto é lado. Alguns ficaram tão apavorados que não conseguiram nem volitar, coisa que me causou grande espanto, pois aqueles que me fizeram a pergunta estão como eu, *mortinhos da silva*.

Mas, se é assim, por que ficaram tão desesperados? Sabem por quê? Muitos saíram em disparada para os centros espíritas, em busca das reuniões mediúnicas, ou para a casa de parentes encarnados, a fim de alertar seus amigos e familiares.

Fiquei até imaginando o anúncio tétrico e a reação dos que o ouviriam, em polvorosa: "Este é o começo do fim". Ri, perante a cena mental, e logo pensei: Não adianta. Jesus já falou algo semelhante,[1] mas muito pouca gente entendeu suas palavras, e mesmo hoje, cerca de 2 mil anos depois, provavelmente não seria diferente, caso essa mensagem fosse dita por um mentor numa casa espírita qualquer.

Enquanto aqueles que me ouviam se preparavam para partir, eu logo dei uma de Abraão[2] e disse, alto e bom som:

– Não precisam correr desse jeito para falar com eles. Eles têm Kardec e a codificação espírita. Se forem atentos aos ensinos do espírito Verdade e de sua equipe, saberão descobrir que o fim a que me refiro é apenas o fim do mundo das aparências; é o fim de uma época e o começo de uma era em que prevalecerá a construção de valores nobres da alma.

Afinal de contas, para arrumar a casa é preciso tirar objetos do lugar, jogar coisas velhas fora e, algumas vezes, comprar móveis e utensílios mais apropriados

[1] "Ouvireis de guerras e rumores de guerras, mas cuidado para não vos alarmardes. Tais coisas devem acontecer, *mas ainda não é o fim*. Levantar-se-á nação contra nação, reino contra reino, e haverá fomes, pestes e terremotos em vários lugares. Todas estas coisas, porém, são *o princípio das dores*" (Mt 24:6-8. Grifos nossos).

[2] Cf. Lc 16:27-31.

às novas necessidades, isso quando não se devem fazer reparos e até reformar, mexendo na estrutura do imóvel. Não é isso que ocorre?

Assim está acontecendo com nossa casa planetária. O mundo passa por uma arrumação e alguns inquilinos não mais poderão residir nessa casa. Prevalecerão novas normas de convivência, e a condição íntima dos moradores que aqui permanecerem terá de ser compatível com esse novo *regimento*, vamos assim dizer.

Somente isso! O fim de que se fala é o fim de muitos dos escândalos e disparates que enchem os olhos dos incautos nos noticiários. Será o fim de muitas das desarmonias próprias da alma humana e de certos comportamentos que lembram mais a natureza animal que espiritual do homem. O uso da força física, bélica ou econômica com o objetivo de estabelecer poder e domínio não será mais a regra.

Aquele que quiser ser maior tenha a coragem de se fazer menor.[3] Menor em seu egocentrismo e maior em sua condição de ser útil à sociedade como um todo, à humanidade.

Essa arrumação global é o início de uma nova era que aos poucos se instalará por todos os cômodos dessa casa divina, que é a Terra. Claro que, para dar à luz essa nova humanidade, o Pai, em sua sabedoria, re-

[3] A referência é à passagem em que Jesus recomenda: "Pelo contrário, o maior entre vós seja como o menor; e quem governa seja como quem serve. Pois qual é maior, quem está à mesa, ou quem serve? Não é quem está à mesa? Eu, porém, entre vós sou como aquele que serve" (Lc 22:26-27).

distribuirá e reorganizará toda a estrutura do planeta. Para tanto, lançará mão de ferramentas que, ao nosso olhar, serão traumáticas e interpretadas como tragédia e calamidade, mas que, para o planejamento divino, constituem somente o meio de se estabelecer justiça e despertar o amor.

No panorama físico, novos continentes poderão surgir, enquanto outros submergirão. Mudanças climáticas drásticas ocorrerão: onde é frio poderá se tornar quente, e vice-versa. Em lugares onde se veem campos vastos e verdejantes, amanhã – quem sabe? – haverá desertos escaldantes. Aliás, muito disso já está em andamento na atualidade; não falo novidade alguma.

Assim, em meio a todas essas transformações, caminha a humanidade, rumo a dias melhores, nos quais o amor, a compreensão, o diálogo e o entendimento com relação às diferenças serão, enfim, algumas das características da nova família humana que desponta no horizonte.

– Tá bom, Calunga. E quem não se ajustar a esta nova fase da humanidade?

A coisa é simples: "Na casa de meu Pai há muitas moradas".[4] O universo é tão rico de possibilidades que, quando a gente imagina riqueza, ainda é pouco para tanta fartura e abundância. Dessa forma, muitas dessas moradas estão sendo preparadas para receber novos inquilinos ou hóspedes, que serão para lá transferidos. Uma transferência de moradia como essa já ocorreu

[4] Jo 14:2.

no passado, segundo nos explicam os benfeitores espirituais, e novamente ocorrerá na época atual. O fato é que, no projeto divino, nada se perde e tudo tem seu fim útil. Portanto, onde você estiver e como estiver, faça sempre seu melhor.

Imagine quanto seria bom se você fosse escolhido ou, ainda, se pudesse optar por permanecer aqui na Terra e, então, usufruir dessa nova etapa... Um futuro em que as luzes do conhecimento terão brilho mais intenso e nos impulsionarão, como filhos de Deus que somos, a descobertas e propostas mais amplas, talvez nem ao menos sonhadas.

O mal ainda poderá estar presente entre nós, mas inverteremos os papéis. Não seremos mais como hoje, tímidos perante a propagação do mal,[5] mas, sim, audaciosos e destemidos a fim de impedir sua proliferação.

É verdade! O fim está chegando, e eu digo: se é este o fim, graças a Deus. Que venha!

[5] "Por que, no mundo, tão amiúde, a influência dos maus sobrepuja a dos bons? 'Por fraqueza destes. *Os maus são intrigantes e audaciosos, os bons são tímidos*. Quando estes o quiserem, preponderarão'." (KARDEC, Allan. *O livro dos espíritos*. Tradução de Guillon Ribeiro. 1ª ed. esp. Rio de Janeiro: FEB, 2005. p. 526, item 932. Grifo nosso).

DILEMA DE MÉDIUM

"sou médium de berço. Estou aqui porque fui a uma mãe de santo e ela me disse, entre várias coisas, que preciso desenvolver minha mediunidade. Aliás, segundo falou, muito do meu sofrimento advém de minha recusa em trabalhar com meus guias. Por isso é que estou 'apanhando' dos espíritos."

É assim que grande parte das pessoas chega à casa espírita, acreditando estar submetida a sofrimentos mil por causa da demora em *desenvolver* ou educar a mediunidade. Geralmente tem bastante pressa em atuar como médium, como se tal faculdade pudesse ser treinada da noite para o dia, após meia dúzia de aulinhas, e exercida com responsabilidade sem os devidos cuidados e precauções.

É claro que num grande número de lugares essa ansiedade é considerada normal, produtiva, e alguns até dizem que funciona. Assim, logo que toma conhecimento das supostas faculdades do médium, que costuma chegar cheio de queixas e exigências, o dirigente o coloca para "receber espírito na mesa mediúnica".

Se sua casa não tem uma *mesa mediúnica,* não se preocupe: um dia ela terá. Quase todo centro espírita que se preza tem de ter uma, que fica dentro da sala onde se conversa com os espíritos. Deve ser uma mesa dotada de poderes sobrenaturais...

Diante do surgimento do médium em polvorosa e

do dirigente despreparado, está feita a confusão. Mas, ao contrário do que alguém talvez imagine, posso afirmar, sem grande chance de erro, que muitas reuniões desse tipo pretendem ter um caráter sério. Mesmo que nem ao menos se saiba quem são seus dirigentes espirituais...

Já vi, em alguns lugares, ser promovida disputa entre alguns desses nomes de mentores que estão em alta, no topo da lista dos mais elevados do mundo espiritual. Então, os trabalhadores encarnados realizam uma eleição, e, uma vez escolhido o dirigente espiritual, coloca-se um *São-sei-lá-o-quê* na frente do seu nome, e pronto! Olhe o mentor escolhido dando comunicação e traçando a metodologia de trabalho...

Parece brincadeira ou anedota, mas é assim que um número considerável de grupos trata a relação entre os habitantes dos dois lados da vida. Observa-se um festival de situações pitorescas, que incluem a caracterização de algum dos filhos do dirigente encarnado como "médium de berço", uma vez que tem "grande conhecimento doutrinário" – afinal, leu meia dúzia de romances espíritas.

E, para compor o clima, entra em cena o médium principal. Sim, é aquela figura que os espíritos de plantão – ou espíritas? – elegeram para transmitir as instruções sempre certeiras, que de preferência devem ser acatadas por todos. Diga-se de passagem, os tais mentores somente se manifestam por meio desse médium; uma vez que ele é o eleito, não é possível que os guias vulgarizem sua presença, apresentando-se através de qualquer outro. É considerado como que um porta-voz exclusivo dos espíritos do bem. Morre o médium, morrem as comunicações do mentor, e o centro, não raro, fecha as portas.

Temos de nos lembrar também dos ritos de preparação que antecedem as reuniões, comumente complexos, vazios ou fantasiosos: não comer carne, não fazer sexo, passar o dia de maneira tranquila e distante de qualquer situação que possa lhe tirar do sério, entre outras coisas. Ou seja, diante de tantas exigências, melhor é não sair do quarto, permanecer trancado, exilado, sem contato com ninguém mais. Mas mesmo assim é possível que não se consiga cumprir algumas das proibições... Já sei: melhor é não acordar. Isso! Dormir durante todo o dia, até a hora de tomar banho e sair para a reunião.

É incrível como certas recomendações ou sugestões que até poderiam ajudar, dependendo da circunstância, às vezes são transformadas em regras inflexíveis e absurdas, impossíveis de serem executadas. Ainda assim, são consideradas importantes por bom número de pessoas, que se interessa em fortalecer o mito de que ser médium significa abraçar algo além do humano; ser, talvez, super-humano. Pare e responda, caso pense em defender a adoção de procedimentos como os que listei há pouco: como deve fazer quem participa de reuniões mediúnicas três ou quatro vezes por semana? Acaso a solução é obedecer a todo esse jejum em caráter semipermanente?

Você pode dizer:

– Calunga, mas você está pegando pesado!

E eu lhe respondo:

– Estou, sim!

Nós, os espíritos desencarnados, enfrentamos cada situação quando precisamos da parceria dos chamados médiuns, em função desses absurdos "doutrinários"... E quando digo "nós, os espíritos", não pense que são poucos que vivem esses desafios, não! São muitos que se veem nessa situação constrangedora, até aqueles chamados de mentores, geralmente tratados como se fossem santos canonizados, ou mais: almas angelicais.

Ah! Se você visse quanto riem satisfeitos certos espíritos, tipicamente classificados como inferiores... E mais: como se utilizam dos efeitos de certos comportamentos e ideias cultivadas ou disseminadas pelos encarnados. Isso mesmo. Eles usam as vibrações irradiadas tanto pelas crenças quanto pelo jeito que muitos exprimem seu pensamento, suas manias, seu preconceito.

A ideia de não macular a suposta pureza original da doutrina espírita é tão avassaladora e castradora que cria certa irritação energética em torno dos que adotam essa postura. Essa peculiaridade energética ou irritabilidade de fluidos que advém da celeuma que se produz é plenamente utilizada e dinamizada por aqueles que querem o declínio das ideias esclarecedoras do espiritismo.

Portanto, diriam eles: "Salve o patrulhamento doutrinário! Vida longa à rigidez, à atitude de fiscal das práticas e tradições espíritas!". E eu digo: Deus me livre! Vamos cada um fazer o melhor que pudermos, como sabemos, amando mais e nos instruindo na caminhada.[1]

Médiuns que denotam falta de maturidade, estrutura e conhecimento são levados a abraçar projetos de salvação ditados e mantidos por dirigentes encarnados ou desencarnados, ou mesmo por suas ideias pessoais. Como não conseguem alcançar as metas fantasiosas e até absurdas que traçam, veem nascer em si o fantasma do sentimento de culpa. "Eu pequei! Minha culpa, minha máxima culpa!" Aos poucos, de recriminação em recriminação, a culpa religiosa vai tomando o lugar do prazer de viver. Muita coisa que deveria ser vivida ou motivada pelo prazer de exercitar algo que traz constante aprendizado torna-se um fardo pesado de suportar.

Há aqueles que continuam indefinidamente a "árdua tarefa de salvar irmãozinhos das trevas", encarando da mesma maneira o trabalho, ano após ano, década após década. São insensíveis a qualquer visão mais ampla ou renovada da vida espiritual, furtando-se ao dinamismo inerente a tudo, principalmente na atualidade, em que as mudanças ocorrem em ritmo acelerado em toda área de atuação humana.

Outros se tornam médiuns de turismo – aqueles que passam de casa em casa, em busca do centro ideal. Procuram coisas que não existem, como a perfeição, o centro mais espiritualizado, o médium mais confiável,

[1] Cf. "Espíritas! amai-vos, este o primeiro ensinamento; instruí-vos, este o segundo" (KARDEC, Allan. *O Evangelho segundo o espiritismo*. Tradução de Guillon Ribeiro. 120ª ed. esp. Rio de Janeiro: FEB, 2002. p. 159, cap. 6, item 5)

o mentor mais elevado. Exigem compreensão irrestrita de suas falhas, mas não estão dispostos a compreender as limitações dos companheiros e da administração.

Certo é que grande quantidade de médiuns e trabalhadores espiritualistas chegará ao mundo dos espíritos com a sensação de dever não cumprido. São tantas culpas e desculpas, tantos defeitos encontrados em todos e em toda parte, que não acham tempo de construir algo de real e genuíno em suas vidas.

De minha parte, posso ser negro, ex-escravo, considerado espírito de baixa linhagem por alguns, mas tenho aprendido o valor de uma equipe de trabalho na qual todos, sem exceção, se colocam na posição de estudiosos e aprendizes. Enfim, somos todos experimentadores da ciência do espírito, e cada dia ou noite de convívio se transforma em oportunidade de fazer melhor, sem cobrar do outro aquilo que nenhum de nós poderá oferecer.

PARA O MUNDO QUE EU QUERO DESCER

muita gente se sente assim: atordoada, perdida, deslocada no tempo e no espaço. O mundo se transforma de modo mais rápido a cada dia e fica difícil acompanhar todas as mudanças, que ocorrem em ritmo frenético. O que hoje é novo, moderno e arrojado, daqui a pouco tempo ninguém mais lembra pra que servia. Eta mundão de meu Deus! “Para o mundo que eu quero descer!”

Esse dinamismo do mundo vem somente reiterar nossa essência divina, criadora, e nosso poder de fazer as coisas acontecerem. Em vários momentos, Jesus anunciou alto e bom som esse potencial. Entre tantas afirmações a respeito, ele disse: “Vós sois o sal da terra. (...) Vós sois a luz do mundo”.[1]

Então, por que tanto espanto e dificuldade em se adaptar às situações novas no mundo atual?

Talvez seja a descrença em nossa aptidão ou em nossa condição de deuses,[2] isto é, cocriadores. Quem de nós se sente apto a dar sabor ao que é rotineiro e

[1] Mt 5:13-14.

[2] “Vós sois deuses; vós sois todos filhos do Altíssimo” (Sl 82:6), passagem das Escrituras que é relembrada por Jesus (cf. Jo 10:34).

cotidiano? Ou a fermentar e preservar o lado bom e positivo de tudo? Até quando a resposta a perguntas assim será: "Quase ninguém"? E qual de nós pode dizer-se luz nestes momentos em que nossa humanidade se vê em encruzilhadas constantemente a nos desafiar?... Pouquíssimos de nós!

A rapidez com que nos desvencilhamos de aparelhos eletrônicos e demais objetos, descartando tudo e gerando enorme quantidade de lixo – e fazendo algo parecido também com relacionamentos e pessoas –, ilustra bem como andamos desempenhando mal nosso papel de cocriadores. É estranho: ao mesmo tempo em que somos geniais ao criar, somos imaturos e superficiais ao lidar com nossas criações. Por alguma razão mirabolante, achamos mais fácil nos desfazer de uma coisa para logo depois providenciar, comprar ou criar algo novo. Se há verdade na famosa frase: "Tu te tornas eternamente responsável por aquilo que cativas",[3] o que pensar sobre aquilo que criamos?

Genialidade ou capacidade notável desacompanhada de espiritualidade nos faz geradores de resíduos, para usar uma terminologia atual; ou seja, grandes desperdiçadores de recursos e energia, hábeis em desprezar talentos.[4] Curiosamente, sem que percebamos tão claramente este outro aspecto, tal descompasso também nos faz indivíduos descartáveis, uma vez que a vida

[3] SAINT-EXUPÉRY, Antoine. *O pequeno príncipe*. Rio de Janeiro: Agir, 1985. p. 74.

[4] Cf. "Parábola dos talentos" (Mt 25:14-30).

nos traz de volta aquilo que projetamos no mundo.

Nessa linha de sentimento e comportamento, em que apenas a novidade é capaz de nos excitar e despertar interesse, observamos o resultado que muitos já percebem. A fim de nos sentirmos vivos, consumimos de maneira insaciável, muitas vezes sem nem ao menos curtir ou obter prazer com aquilo que mereceu investimento. Passados os instantes iniciais, a monotonia volta e o bem adquirido perde o encanto. Aí, compramos mais, ávidos por novidades que preencham o espaço interior, faminto de satisfação e bem-estar.

O mesmo se dá com pessoas e com o grande número de relacionamentos afetivos tão fugazes que vemos hoje em dia. Não se trata de condenar este ou aquele comportamento, mas de perguntar por que tão somente a quantidade é capaz de satisfazer... Aliás, satisfazer ou esgotar, extenuar? De parceiro relâmpago em parceiro relâmpago, ficamos alucinados, esperando pelo príncipe encantado, pela Rapunzel; fantasiamos sobre o encontro que vá além da atração física, em vez de vivermos uma relação assim. Não percebemos que, ao final da festa, também nós não passamos de um chiclete usado, que o outro masca e em seguida põe na lixeira, ou joga em qualquer outro lugar, sem cuidado. Como podemos agir assim e dizer para nós mesmos que queremos a felicidade, a honestidade, a fidelidade, a confiança, a cumplicidade, o amor? Não há algo errado nessa lógica?

O ingrediente que falta foi apresentado há mais de 2 mil anos. É um "tempero milagroso", que não pode ser comprado, mas sim descoberto por cada um de nós.

Ao ler isso, muitos podem dizer:

– Calunga ficou doido! O que Jesus tem a ver com o consumismo e os produtos *made in China* que invadem o mundo?

Respondo sem meias-palavras:

– Tem tudo a ver, sim! Preste atenção no que ele disse certa vez: "Se vocês pertencessem ao mundo, ele os amaria como se fossem dele. Todavia, vocês não são do mundo".[1]

Em outras palavras, o mundo é nossa escola; tem sua beleza e sedução e boas coisas a oferecer. Porém, mais importante que ele é aquele que detém as rédeas da vida em suas mãos: é o ser que pensa e faz escolhas, é o espírito imortal, que não é passageiro e fugaz como as boas coisas da Terra.

Se, em vez de administrar e usufruir das coisas do mundo, você se deixa conduzir por elas, como um escravo dos sentidos, isso é pertencer ao mundo, entregar-se por completo à sedução que ele exerce. É enxergar a vida pela lente do rápido e imediato, vivendo-a como num grande *fast-food:* "Me dê logo o que eu quero, pois não tenho tempo a perder". Muitas calorias; poucos nutrientes. É claro que a consequência desse tipo de pensamento e comportamento é a perda sensível em matéria de qualidade.

[1] Jo 15:19 (Nova Versão Internacional).

TEMPOS MODERNOS?

estamos vivendo dias únicos. Nossas vidas estão sendo sacudidas por uma onda revolucionária. Será isso que os espiritualistas chamam de evolução ou fim de ciclo? Sei lá. Fato é que são dias extraordinários, e vale a pena – e como! – participar desses momentos de maneira tão intensa quanto possível.

Sei que para muita gente este é um tempo considerado difícil, mas garanto que é ainda mais difícil quando mais rígidas e inflexíveis forem essas mesmas pessoas e as bases sobre as quais construíram suas vidas. Para aqueles que consideram as mudanças inaceitáveis, o mundo hoje certamente é um lugar difícil, talvez mais difícil ou intolerante do que sempre foi com essa atitude.

Mas, afinal de contas, que bobagem! Aceitar o novo é sinônimo de ser humano, de ter humanidade. Basta voltar os olhos para si mesmo. Tome seu próprio corpo como exemplo. Será que a realidade de que o aparelho físico se modifica a todo instante é novidade para alguém? Que hoje se fuja do envelhecimento como o diabo da cruz, vá lá. Mas alguém pode mesmo alegar ignorância quanto a esta lei da vida, da qual ninguém escapa, de que o corpo cresce e, em seguida, ruma para o declínio físico, o esgotamento e a morte?

O corpo que você habita se modifica minuto a minuto. Novas células se estruturam de modo a dar condições para a continuidade da vida na Terra. Em nós e ao nosso derredor tudo se transforma e se altera, graças à dinâmica da vida. Sendo assim, tudo que é fruto de seres em construção e constante mutação também tem que mudar, como que a refletir esse traço de seu criador, não é mesmo? Vejamos alguns exemplos.

Observe a família. Quantas mudanças têm ocorrido ao longo do tempo no ambiente familiar? Aquele lar tradicional, composto de pai, mãe e filhos, já não se mostra tão satisfatório. Mais importante que isso: já não atende a todas as necessidades sociais, já não é o único modelo; muito pelo contrário. Desde os movimentos que antecederam o surgimento do divórcio, essa célula primeira da sociedade sofre grande transformação. Com a possibilidade de dissolver o matrimônio, conquistou-se tal liberdade que, hoje em dia, há até o risco de se cair na banalidade. Decide-se casar e descasar com a rapidez do *sim* pronunciado diante das autoridades na cerimônia.

Em razão dessas e de outras mudanças que afrouxaram os laços rígidos da sociedade tradicional, temos hoje mães desempenhando papel de pais e vice-versa. Assiste-se também à inversão das funções tradicionais. Existem lares onde o pai é responsável pelas tarefas domésticas e pelos filhos, enquanto a mãe se encarrega do sustento da família. E o que dizer das famílias formadas por dois homens ou duas mulheres em vida conjugal? Que me dizem dessa nova modalidade que nasce na sociedade?

É, meu amigo, quanta coisa pra pensar. Poderia enumerar várias situações que ilustram semelhante efervescência e nos visitam o cotidiano hoje em dia. Me ocorre então outro exemplo, ligado à vida profissional.

Aquele chefe que ficava atrás da mesa, assinando papéis e dando ordens, muitas de modo agressivo, perdeu espaço para o líder que, acima de tudo, quer parceiros, e não apenas subordinados. A tendência atual nas empresas é a procura de pessoas proativas, capazes de exercer múltiplas funções ou, ao menos, detentoras de múltiplas habilidades. Em um número cada vez maior de organizações, valorizam-se aqueles que têm ideias próprias e que enriquecem as relações no ambiente de trabalho, transformando-o numa usina de atitudes inovadoras. Os profissionais desta era nova sabem que numa equipe de sucesso explora-se o que cada integrante oferece de melhor. Além disso, compartilham responsabilidades e abrem espaço para a participação e a colaboração, a fim de alcançar resultados mais satisfatórios.

Na vida profissional do século XXI, o empreendedor de sucesso vê oportunidade e possibilidade de êxito onde outros viram problemas; faz das diferenças no grupo de trabalho um ponto favorável, convertendo em complementares forças que poderiam ser consideradas antagônicas.

Nada tem se furtado à transformação, à renovação, à mudança. Das questões ligadas à vida profissional até a política, passando por saúde, clima ou relações diplomáticas e comerciais entre nações, tudo está sendo revirado, reinventado a cada dia.

E quanto a você? Como tem se comportado diante desse quadro fenomenal? Espero que possa adotar uma atitude sábia, inteligente. Não lhe parece o melhor caminho procurar entender toda essa revolução planetária e, na medida do possível, dar sua parcela de contribuição, como espírito imortal que é?

Pois é, meu amigo, esta é a hora! Ao ouvirmos ou assistirmos de nossas poltronas o corre-corre dos acontecimentos pelo rádio, pela tevê ou pela internet, ilusoriamente desligamos os aparelhos com uma impressão errônea e até uma espécie de convicção de que os fatos mostrados ou comentados não fazem parte de nossa realidade. É como se as circunvoluções que o globo experimenta fossem apenas "lá fora", ou como se alguém pudesse escapar às chacoalhadas e transformações que agitam o mundo Terra...

Enganar-se assim é apenas se candidatar a dias mais aflitivos e desprovidos de esperança. Furtar-se a esse fascinante apocalipse é se colocar numa posição de inutilidade, de ostracismo. Como resultado dessa atitude imatura, uma vez que nada no universo foi criado com tal finalidade, abrem-se as portas da alma para o desconforto emocional, semeando-se um futuro em que a consciência reclamará e lamentará o bem que se deixou de fazer. Quem é que quer um amanhã de cinzas para si mesmo?

PEQUENAS COISAS, GRANDES MOMENTOS

às vezes volto os olhos para o céu e fico deslumbrado com a imensidão deste azul que nos cobre. Estrelas, planetas e sóis refletem a grandeza do Pai. A vida se movimenta por esse mar de constelações. Mas tudo isso só é possível porque existem minúsculos corpos que juntos formam o grande, o todo. O máximo, o maior somente é possível porque o menor, o mínimo trabalha também.

Seguindo essa linha de raciocínio, podemos afirmar que tudo e todos são importantes. Não há por que nos acharmos autossuficientes; ninguém vive sem o outro. Na pirâmide social, por exemplo, quem usufrui de uma posição de destaque, seja do ponto de vista financeiro ou hierárquico, não tem razões verdadeiras para se sentir melhor que os demais. Não fosse a função considerada elementar, mas nem por isso menos nobre, ocupada por aquele que cuida de afazeres tidos como menores, não haveria como prosseguir, pois existe uma relação de dependência mútua. Pense, por exemplo: que organização pode dispensar os chamados serviços gerais e realizar o trabalho em meio à sujeira?

Aprender a lidar com esses parâmetros é desenvolver sabedoria, e uma visão assim é fruto de observação e maturidade. Arrisco dizer que os problemas que o homem enfrenta advêm, geralmente, de uma visão equivocada de si e da realidade que o cerca, bem como de valores discordantes que alimenta, como podemos ver ao refletir sobre a importância de cada um no concerto da vida.

Aos olhos de muitos, o que é tido como grande, maior, exitoso é considerado a melhor situação, por isso desejado e invejado. Guerras, disputas e crimes são muitas vezes levados a termo porque se quer ser "maior" à força, por meio da violência, ou porque se entende que ter isso ou aquilo torna "maior" quem o possui. Mas o essencial realmente escapa aos olhos, uma vez que não está fora da pessoa, não é passível de ser tomado ou usurpado; é uma conquista interna.

Ah! O menor... Preste atenção nesta afirmativa: "Se alguém quiser ser o primeiro, será o último e servo de todos".[1] E nesta aqui: "Aquele que entre vocês for o menor, este será o maior".[2] Menor em quê? "Aquele que se tornar humilde como esta criança, esse é o maior no reino dos céus".[3] Eta, Jesus! Que homem genial ele foi. Sabia como incomodar a gente.

Realmente não há como chegar ao máximo sem observar as menores circunstâncias que o dia a dia nos oferece. Sem prestar atenção nas pequenas coisas não

[1] Mc 9:35. "Estando ele [Jesus] em casa, perguntou-lhes: Que estáveis discutindo pelo caminho? Mas eles [os apóstolos] se calaram porque pelo caminho tinham discutido entre si qual era o maior. Ele, assentando-se, chamou os doze, e lhes disse: Se alguém quiser ser o primeiro, será o último e servo de todos" (Mc 9:33-35).

[2] Lc 9:48 (Nova Versão Internacional).

[3] Mt 18:4.

saberemos como saborear o fruto de nossos esforços no momento em que ele se apresentar.

Pense na singeleza de um "Bom dia!" e na diferença que pode fazer na vida de alguém, caso esteja atento. Visualize a mão dos pais que amparam a criança nos momentos em que ameaça dar os primeiros passos. Lembre a cama que acolhe seu corpo, em busca do descanso após um dia de atividade. E o que dizer da água, que limpa seu corpo, envolvendo-o numa sensação de frescor e prazer, lava e ajuda a produzir seu alimento e sacia sua sede? Imagine o abraço de quem você ama... Essas e tantas outras pequenas coisas são verdadeiros tesouros que nos fazem ir em frente.

Não se trata apenas de questões místicas de alguém que sonha. Nos dias atuais, quem estuda o homem e reflete sobre sua busca por qualidade de vida reconhece a importância e o valor das pequenas coisas. Cabe a cada um de nós viver com mais intensidade momentos como os que citei, trabalhando para aumentar a satisfação que sentimos com as coisas mais simples do cotidiano. Ambiente propício não nos falta, pois a Terra é um campo divino onde cada minuto é oportunidade para aprender a lição da simplicidade.

A BUSCA DA FELICIDADE

"minha vizinha, esta sim, é feliz! Eu, que sempre fui uma boa pessoa... dedicada aos meus filhos e ao meu marido; nunca – nunca! – dei ouvidos à fofoca; sempre de casa para a igreja, da igreja para casa. Agora, olha que horror! Descobri que meu marido tem outra. Ah! Meu Deus, que foi que fiz? Onde foi que eu errei, para ser vítima de tanta desgraça? Sou mesmo uma infeliz. Agora, aquela ali, bonitona, cheia de vida, cada dia com um vestido novo... Ela é que vive. E os namorados, então? Entra semana, sai semana e lá está ela, com um homem novo, cada vez mais interessante. E vive aí, posando de boa vizinha... Eu é que não deixo meus filhos chegarem perto dela – messalina, destruidora de lares! Mulher espalhafatosa... Este mundo está de ponta-cabeça mesmo. Cruz-credo! Deus que me perdoe, mas essa já está perdida e vai direto pro inferno."

Por acaso você conhece alguém assim, com esse discurso? Já viveu algo semelhante? Uma situação como essa, de intriga, fofoca e dramatização é mais comum do que se imagina. E não pense que isso faz parte apenas do universo feminino, o que seria enorme engano. Muitos homens vivem situações parecidas. Sabe por que coisas assim geralmente acontecem? São as posturas extremadas ou exageradas que adotamos ao desempenhar nossos papéis na vida e ao fazer nossas escolhas. A dona de casa que lamenta e faz acusações à vizinha em sua lamúria é o exagero da mulher recatada; a típica amélia, conforme a caricatura popular. A outra, que transgride a moral e os bons costumes, segundo a vizinha religiosa, será mesmo tão feliz como esta imagina? "Nem tanto ao mar, nem tanto à terra", já adverte o ditado popular.

Não se engane: quem é alvo de tanta observação e inveja, que geralmente vem acompanhada de censuras, pragas e maldições, também não está no mar de felicidade e tranquilidade que se imagina. É claro que não! Muita gente tem atitudes que são uma espécie de fuga, uma válvula de escape. Ninguém vive todo o tempo como se estivesse em uma festa, ainda que se esforce por aparentar assim. A vida não deixa passar em branco nossos excessos. E sabe por quê? Um dos motivos é que eles sempre atingem os que estão em torno de nós, e realizam um estrago danado. A mãe exemplar, que se fecha na profissão de esposa religiosa e recatada, vive um papel dramático, com final difícil e complicado. A mulher vistosa e independente, que aparenta estar na curtição total, quem sabe esteja construindo dias de solidão e desamparo?

A superficialidade nas relações e a vida afetiva regida pela promiscuidade criam um vazio interior, uma espécie de solidão que aumenta à medida que o ser busca novas aventuras. É um círculo vicioso, pois, ao mesmo tempo, a pessoa é induzida a tentar preencher esse vazio ainda maior com mais e mais parceiros. Aos olhos dos que se julgam infelizes, por outra sorte de excessos, sensação que é fruto da imaturidade espiritual, aquelas pessoas são as que sabem aproveitar a vida; são, acima de tudo, "abençoadas por Deus com uma vida sem preocupações".

Vivemos em sociedade por necessidade natural. Aprender a compartilhar experiências bem vividas contribui para o progresso de todos.

Ambas as situações relembram o alerta de Jesus: "Deixai-os: são condutores cegos. Se um cego guiar outro cego, ambos cairão na cova";[1] ambos cairão nos abismos da desilusão.

Num mundo onde um número tão grande de pessoas leva a vida pautada por valores discordantes da ética, é preciso muito critério e serenidade a fim de escolher o melhor caminho. Com a ressalva de que neste caminho só existe o errar menos, uma vez que nossa formação humana não só é suscetível ao erro, como é ele parte do aprendizado. Ou seja, não espere perfeição; lide de maneira mais leve com o fato de que nem você – nem ninguém – é infalível.

Ao buscar uma vida mais próxima dos conceitos expressos no Evangelho e nos exemplos de Jesus, semeamos lentamente um futuro melhor, com menor probabilidade de colheitas infelizes. A felicidade, tão almejada, não está nos extremos – recolhimento total ou curtição desmedida –, mas sim no caminho do meio. É o caminho que permite desenvolver o bom-senso, que é o uso da razão em parceria com o sentimento. Fruto da

[1] Mt 15:14.

análise desapaixonada, a medida do bom-senso é dada pela chamada regra de ouro, que todos conhecem: querer para o outro aquilo que desejamos para nós mesmos. Eis a receita para o entendimento e a conquista de um estado verdadeiro de felicidade. Para além disso, são sensações, imagens, contatos e prazeres que podem impressionar os sentidos, porém, uma vez passado o efeito, chega inevitavelmente a colheita, o despertar, a realidade à qual não poderemos nos furtar. Pense nisso.

ESTE MUNDO DE EXPIAÇÃO E PROVAS

o que é preciso para ser feliz? O que se deve ter ou fazer para viver bem? Afinal de contas, onde mora a felicidade? A humanidade toda faz essas perguntas e, no dia a dia, a cada passo, a cada movimento, tem como desejo último, lá no fundo, a satisfação, ou melhor, a conquista da felicidade duradoura. Ainda que inconscientemente, ainda que por caminhos os mais desastrados, todos a anseiam, buscam, aspiram.

Alguns dizem que a felicidade não é deste mundo, que neste planeta temos como companhia o fruto de nossos desacertos e enganos. Que estamos aqui para reorganizar nossa alma e fazer dos nossos dias algo melhor do que já fizemos. Outros, mais radicais, afirmam que a Terra é lugar de dor, "choro e ranger de dentes".[1]

Será que é somente isso, mesmo? Não existe alternativa aqui na Terra? Se é assim, para que tanta beleza, tanta cor e sonoridade? Para que tamanha diversidade de povos e culturas, com suas histórias e tradições? Tudo isso, pra quê? Certamente que não estamos aqui a passeio; temos que fazer valer cada minuto. Dias, meses e anos devem ser vistos como oportunidades únicas,

[1] Mt 24:51 (cf. Mt 8:14; 13:42 etc.).

pois o tempo passado não volta.

Estamos aqui para lutar. Veja bem: lutar, e não guerrear. Há diferenças básicas entre essas duas atitudes. Lutar é a capacidade que temos de utilizar a criatividade, a sabedoria, o respeito, a coragem e a perseverança para alcançar nossos objetivos, sem para isso sermos obrigados a lançar mão de posturas que firam ou diminuam quem quer que seja. Se nossa trajetória é em direção a dias melhores, não podemos passar por cima das pessoas, violentar sentimentos e abusar das circunstâncias, deixando vítimas e um rastro de destruição, sem medir as consequências. Isso é guerrear.

A guerra é sempre sinal de egoísmo e orgulho. Luta é aquilo que tem por objetivo somar e agregar. Na luta, caso seja necessário haver vencedores, eles não aniquilam o vencido, dividindo seu espólio; afinal, o perdedor não precisa ser derrotado, humilhado, espezinhado. Nela, crescem todos: o indivíduo, a coletividade, a sociedade como um todo. Já na guerra, vemos a morte, a doença, o crime. Por onde passa a guerra, desolação e dor são seus filhos.

Sendo assim, ainda que estejamos num mundo onde a imperfeição estampa sua face, é possível usufruir de momentos de felicidade. E mais: à medida que lutamos com dignidade, passamos a ver os momentos de luta como fator importante para desenvolver em nós os valores nobres da alma ou os atributos do espírito. Gradativamente, teremos e viveremos, mesmo aqui, um estado perene de felicidade. Incrível, não é mesmo? Como tudo se torna passível de ser modificado para melhor quando nos tornamos agentes conscientes dessa transformação.

Mas, afinal de contas: onde está a felicidade? É possível ser feliz aqui? A resposta surge límpida e clara, como um riacho cristalino em dias de sol.

A felicidade está em nós e surge à medida que aceitamos os desafios da vida, com a certeza de que somos bem maiores do que qualquer adversidade. Somos dotados de valores e dons imortais, que nos fazem à imagem e semelhança do Criador, e – sim! – é possível ser feliz aqui e agora, mesmo que à nossa volta tudo pareça confuso e transtornado.

De que modo? Em vez de fazer parte da desolação ou do transtorno, sejamos a força que reconstrói, que faz a diferença ao estabelecer uma conexão com o bem e o belo. A diferença se resume à postura adotada; é apenas o olhar otimista que se acrescenta à massa dos acontecimentos.

Sim, é possível sentir-se feliz. Mas, para que isso aconteça, temos que dar início a uma revolução de conceitos a fim de, em seguida, revolucionar as posturas, as atitudes. Não importa que tenhamos nome, destaque social ou qualquer outro bem que faz com que nos julguemos afortunados; não interessa se não temos nada disso; todos podemos dar nossa parcela de contribuição.

Pra começar já, é preciso sair da zona de conforto que nossa fantasia alimenta, sem que nos apercebamos disso. Sim, há aquela situação em que – segundo nossa avaliação – todos devem se sair bem, ao passo que temos um olhar complacente com relação ao nosso próprio desempenho, pois nos julgamos merecedores de compreensão infinita.

Que tal adotar uma postura batalhadora semelhante à da mulher com hemorragia, citada no Evangelho, lembra? Não? Então, esta é uma ótima oportunidade de abrir sua Bíblia[1] e ler a história sensacional dessa mulher admirável, que conquistou a felicidade mesmo em meio às maiores adversidades, fazendo emergir de dentro de si a força que fez com que Jesus afirmasse: "Tem bom ânimo, filha, a tua fé te salvou".[2]

[1] Cf. Mc 5:24-34. Embora a história também apareça nos demais evangelhos sinópticos (Mt 9:20-22; Lc 8:43-48), Marcos é aquele que apresenta o relato mais detalhado.

[2] Lc 8:48.

QUANTO SOU INFELIZ

você, que diz que não tem ninguém, que a vida não sorri para você, que Deus o esqueceu e nem sabe que você existe. Você mesmo, que não se acha capaz de nada e que pensa, lá no fundo, que em suas mãos tudo estraga e perde valor. Me deixe dizer, de uma vez por todas: Pare de se iludir! Ninguém está sem a proteção divina. Você até pode estar temporariamente distante ou desconectado, sim. Mas órfão de Deus e das boas coisas da vida, não; não tem jeito.

A questão é que geralmente nós supervalorizamos tudo. Isso mesmo! Tendemos a interpretar qualquer coisa que nos aconteça como algo enorme, que praticamente nos afoga, de tão ruim ou tão bom; pouco importa. E quando a gente supervaloriza o lado pior, ih!... As coisas de fato ficam difíceis. Mas não é motivo para desesperar, não! É claro que não. Devemos é procurar reverter a situação. "Como?" – alguém pode perguntar. E a resposta que dou não é nenhuma novidade. É simples: usando a cabeça, a inteligência!

Analise comigo. Deus existe, certo? Ele a tudo criou e gerencia. Concedeu a nós, seres humanos, a condição de fazer de cada dia um recomeço. Para isso, contamos com a razão, a capacidade de raciocinar, de ponderar e analisar as coisas. Dessa forma, Ele garante que nossos dias sejam repletos de oportunidades para adquirir conhecimentos e realizar descobertas. Além disso, somos dotados de liberdade de ação, em larga medida. E, como falamos *liberdade*, e não *libertinagem*, lidar com a consequência de nossos atos é compulsório, isto é, somos responsáveis por tudo o que ocorre conosco e à nossa volta, caso a situação tenha sido desencadeada por nossas escolhas ou atitudes.

Sendo assim, podemos concluir o seguinte. Se somos felizes, o mérito é nosso, pois que utilizamos de maneira correta e sensata os recursos que nos foram oferecidos por Deus. Por outro lado, caso sejamos infelizes, é sinal de que nos equivocamos em algum momento da caminhada. Moral da história: se existe algum responsável, tanto pela felicidade quanto pela infelicidade, este alguém é você!

"Opa! Então não sou um coitado, desgraçado, esquecido por Deus e por todos?" Claro que não! Mesmo assim, talvez ainda possa matutar em sua cabeça: "Se sei disso tudo, por que ainda estou tão carente de atenção e afeto? Por que ainda a depressão, o desamor e tudo o mais?"

Gente, saber, pura e simplesmente, não é garantia de sucesso. O fato de termos essas informações não quer dizer que estejamos aptos a aplicá-las em nossa vida sem rodeios, sem alguma demora. Somos humanos, cheios de sonhos e desejos; na tentativa de concretizá-los ou satisfazê-los, metemos os pés pelas mãos.

Na rapidez e na agitação de nossos dias, deixamo-nos conduzir pelo imediato e o agora, esquecendo-nos de asserenar o pensamento e acalmar as emoções, a fim de olhar mais longe, enxergar o horizonte e ver a questão que nos aflige nesse contexto mais amplo. Ao agir assim, nos inquietamos ainda mais e chegamos, algumas vezes, a adoecer do corpo e da alma. Aí, a coisa se complica um pouco mais.

É preciso lembrar que tudo leva tempo: tempo para nascer, tempo para crescer, tempo para amadurecer e dar frutos. Mas, exigentes e apressados, nós não queremos esperar; queremos os frutos já, agora, imediatamente. E quanto a todo o trabalho que vem antes da colheita, que consiste em preparar a terra, arar, semear, adubar, regar e tudo o mais? Mesmo diante de nossas escolhas, projetos e realizações, devemos levar em conta esse caminho do cultivar, até para que tenhamos entendimento e equilíbrio necessários a fim de usufruir de nossas conquistas e vitórias, quando for a hora.

Entendeu, agora? Então, deixe de bobagem, pare com esse sentimentalismo bobo que o leva ao drama e às lágrimas, pensando que você não vale de nada. Não queira ser a única criatura no projeto divino que está sem a sua proteção, ora bolas! Acha mesmo que Deus o deixaria por aí, largado, sem eira nem beira? É óbvio que não! Ele é um pai bondoso e justo; não se esqueça.

A hora é de você sair desse marasmo e ir em direção a uma vida inteira, vivida por completo, na plenitude. Deixe de lado essas atitudes, que somente o fazem entristecido, e caia na vida. Faça isso agora – imediatamente! –, pois as oportunidades passam rápido e o tempo não volta. Tenho certeza de que você sabe muito bem disso. Então, o que está esperando?

DIMINUIR PARA SOMAR

as coisas estão complicadas mesmo... Vejo dia a dia pessoas de lá para cá, num corre-corre danado, parecendo um bando de baratas tontas. Fico me perguntando: por que tanta pressa, meu Deus? É um entra e sai de prédios, carros, trens e aviões; são pernadas e mais pernadas a pé pelas ruas, as pessoas se acotovelando como se todas fossem tirar o pai da forca.

E me pergunto: pra que tanta correria? Esse é o mal do século? Será que o homem simplesmente se condicionou a essa rapidez, e corre no "piloto automático", sem se interessar em saber por quê?

Diversas enfermidades, tanto físicas quanto psicológicas, estão aí para mostrar que algo não vai bem. De tempos em tempos novos vírus surgem ou novos surtos aparecem, obrigando o homem a diminuir seu ritmo alucinado. A medicina, é verdade, bem que tenta, com seus modernos laboratórios, descobrir a causa e encontrar a cura para diversos desafios. Mas logo vem outra novidade, outra epidemia ou outro micro-organismo mais poderoso e... pimba! Lá está o homem caído uma vez mais.

Gente, o negócio não é tomar pílulas e mais pílulas. É, sim, diminuir o ritmo, ou melhor, desacelerar. E não se trata de ser mais lento, não; mas de respeitar mais o ritmo interno, de não se submeter à excitação, à ansiedade e à adrenalina o tempo todo, violentando seu corpo, pois ninguém pode querer ficar alerta em tempo integral e, ainda assim, conservar a saúde.

"Ave, Calunga! Não dá pra ser assim, não! Tenho aluguel pra pagar, a escola do menino já tá atrasada e a prestação do carro... nem vou falar. Daqui a pouco me tomam os bens, e, aí, o que estava ruim piora. Já pensou? Ônibus ou metrô de manhã?... Deus me livre!"

Meu filho, diminua a marcha; essa é a solução. Continuo repetindo isso porque, com toda a energia direcionada para correr, e correr do modo mais veloz possível, você para de raciocinar, de analisar e de refletir. Aí, tudo fica sem proveito e você não aprende nada, porque acaba abrindo mão de um dos maiores tesouros que Deus lhe deu: a inteligência. Não há por que viver assim, nessa correria. Experimente! É a sua crença que alimenta essa agitação, mas acredite: se você desacelerar, o mundo não vai acabar, não vai parar de girar. Quer ver?

Por exemplo, veja se você já pensou o seguinte. Por que você não para por um instante e começa a administrar melhor sua vida e seu tempo, concedendo-lhe mais tranquilidade e valorizando a própria inteligência, esse recurso tão nobre? Você corre tanto, que parece ter se esquecido de se perguntar qual é a razão e qual é o objetivo que o leva a correr, e, além do mais, qual é o melhor trajeto.

Confesse: precisa realmente ficar tanto tempo na internet, navegando? E esta quantidade de compromissos, não está acima de sua condição, de sua saúde, de sua capacidade, mesmo? E essas tão poucas horas de sono... São mesmo uma necessidade, ou você perdeu tempo com distrações e agora se vê na obrigação de sacrificar o repouso fundamental para a saúde, a fim de pôr as coisas em ordem? Bom, e quanto a este sanduíche gorduroso que você ingere com pressa, comendo sem mastigar direito, porque assim julga poupar o tempo que gastaria com uma refeição mais saudável? Acha mesmo sensato agredir sua saúde dessa maneira? Tenho certeza de que colher os frutos dessas atitudes estabanadas e irrefletidas será muito mais demorado e consumirá muito mais tempo do que se você procurasse aprender a se respeitar e a valorizar o organismo que a vida lhe deu...

Nem vou falar deste cigarro que aparentemente lhe acalma, mas que cobra um preço alto... Diminua, meu filho, diminua o ritmo. Aumente suas horas com boa música, com boa leitura! Permita-se ficar de pernas para o ar por alguns longos minutos, sem fazer nada. A humanidade lutou muito para chegar à situação atual, em que boa parte tem jornada de trabalho regulamentada e descanso garantido em lei, em que o direito a viver a infância, em todas as suas dimensões, é considerado fundamental... Não estamos mais na escravidão, nem tampouco nos tempos da revolução industrial. Como você quer voltar ao século XVIII e se impor um ritmo desumano? Será que acha isso bonito? Será que quer é contar vantagem, parecer trabalhador e esforçado? Será que com tanto corre-corre não quer compensar alguma área da sua vida em que você está sendo negligente ou relapso? Ou é fuga mesmo, por falta de coragem de enfrentar as questões em casa, na relação afetiva ou dentro de você?

Aumente a possibilidade de uma boa caminhada na praça, no parque. Dilate sua imaginação na companhia de um bom livro, um bom filme. Que tal mergulhar o corpo numa bela cachoeira ou no mar azul? Sentir o vento no rosto no esforço prazeroso de umas boas pedaladas... que tal? Pense: há quanto tempo isso não faz parte de sua vida?

Deixe já esta coisa sem graça de ir de lá pra cá como um maria vai com as outras... Nada contra as marias, mas não dá pra viver assim, como se a vida não fosse sua. Quem, afinal, coordena seus passos? Não é você, não? A quem relegou o comando de sua vida? E não me venha com essa desculpa esfarrapada de dizer que Deus dirige sua vida, não, porque ele nos conduz a todos *com nossa participação*, usando nossa inteligência, sensibilidade e livre-arbítrio... Ele não quer robôs, não! Nem invente de me responder com esse papo de religioso de carteirinha, disfarçado de alma espiritualizada, porque a verdade é que Ele nos quer senhores de nós mesmos – sim! –, com as rédeas na mão, como convém a todo adulto maduro, capaz e responsável por suas escolhas.

Que você quer da vida, afinal? Em nome de sua saúde, prosperidade e felicidade, é bom que pare já e se faça essas perguntas todas. Não podemos perder o desejo de viver bem para usufruir de tudo aquilo que Deus tem permitido ao homem realizar. É, meu amigo, esperto mesmo é aquele que diminui para somar, se é que agora me entende.

TUDO ESTÁ EM SEU DEVIDO LUGAR

a Terra é nosso lar. Tudo foi idealizado de maneira a nos receber. Aqui temos todas as condições de reinventar a vida. Cada hora, cada dia tornam-se oportunidade de descobrir Deus em nós e além de nós, da mesma forma como os desafios diários nos fazem ver quanto somos capazes.

Certamente há aqueles que se perdem em reclamações ou em sentimentos de tristeza e dor. Existe também a revolta e o desconhecimento dos projetos de Deus para nós, suas criaturas. Porém, mesmo diante desses momentos de incerteza, incompreensão e dúvida, a vida sorri plena de cor e formas. É preciso muita determinação e até cegueira, eu diria, para deixar de notar as belezas que nos cercam. Mais grave ainda é aquele que escolhe conscientemente a revolta e a angústia, perdendo-se nos seus despenhadeiros.

Se alguém porventura alegar que a vida é um fardo e, consequentemente, é difícil de suportar, muito provavelmente está deixando de levar em conta as inúmeras conquistas que o homem obteve ao longo dos tempos. Ora, a vitória e a superação são possíveis, são conquistas que resultam justamente do vencer e do vencer-se a cada adversidade apresentada. Sim, o homem pode – e muito! Das maiores belezas da condição humana é a capacidade de desafiar o que é tido como impossível, tornando-o possível no instante seguinte. Isso pode parecer bobo, mas não é.

O oposto disso é a postura cultivada em muitos lugares e situações, desde igrejas e instituições como o casamento, até relacionamentos afetivos e profissionais. Vemos nesses ambientes e circunstâncias a difusão, geralmente sorrateira, da ideia de que o ser humano é incapaz de crescer e caminhar por si mesmo. Reforça-se a crença de que sempre será necessário um guru, um guia ou uma muleta, em suma, alguém ou algo que lhe diga o que fazer, que lhe dê receitas de vida e o conduza. É um terreno fértil para líderes aproveitadores e controladores, assim como para indivíduos apáticos, que se sujeitam a essa relação de dominação em nome de algum ganho secundário. Essa massa submissa age como uma criança amedrontada, que acredita estar fadada ao fracasso, à ruína caso seja entregue a si mesma. Tais pessoas permanecem encolhidas e chorosas durante horas, dias, meses e até anos, sentindo-se pequenas. Dizem-se incapacitadas de transpor o obstáculo ou o momento difícil que se apresenta. Nesse estado de alma, convivem com os fantasmas do medo e da dúvida. Julgam que Deus desistiu delas.

Quanto drama, e quanta bobagem! Deus não ergueria toda esta estrutura – planeta, civilização, humanidade –, que ainda não está pronta, para logo adiante desistir de tudo... Quem faria isso, em sã consciência? Quanto mais o Pai, a inteligência maior. Ele aguarda, sim, que a gente faça a parte que cabe a cada um. Não que Ele não tenha outros meios, pois é onipotente, mas... digamos assim: Ele não vê graça em fazer tudo sozinho. Se é para que a gente usufrua de tudo, que sabor teria achar tudo pronto? Quando tomamos uma atitude e realizamos algo, tornamo-nos parceiros de Deus; de criatura, alçamos ao posto de cooperadores no trabalho divino, promovendo progresso e libertação.

Contudo, quando hesitamos e nos paralisamos diante daquilo que achamos mais forte e maior do que nós mesmos, damos vida e força aos monstros de nossa imaginação. Assim é em todos os setores de nossa vida.

Na família, quando deixamos de ter um papel de conciliação, trabalho e bom-senso, a dissensão, a discórdia e a distância passam a habitar o lar. Ocorre o mesmo em nossa vida profissional, a partir do momento em que nos detemos ante a modernização e as mudanças impostas pelo tempo. Deixamo-nos levar pela competição e esquecemos que quem vence é aquele que promove tudo e todos. E em relação à nossa espiritualidade? Quem almeja a santidade e a perfeição esbarra no muro da culpa e da arrogância, pois não sabe lidar com o erro, a falha. Não se engane: tornar-se humano é a grande conquista. Sejamos humanos, e isso já nos basta.

Estamos em um momento rico de oportunidades. A cada instante somos convidados ao bom combate,[1] à luta que gera satisfação. O mundo está sendo sacudido

[1] A expressão "bom combate" é própria do apóstolo Paulo (cf. 1Tm 1:18; 6:12; 2Tm 4:7).

por ventos novos, arejado por ideias inovadoras, posto em xeque em seus aspectos mais arcaicos. Estão sendo transformadas as nações, as famílias, a natureza, enfim; tudo nos ensina que o caminho é o do enfrentamento, do aceitar o desafio e ir além das nossas expectativas. A vida quer que avencemos, que possamos ir além, sempre um pouco mais.

Ao ver tal ebulição, ocorre-me esta afirmativa de Jesus, que é razão de minha esperança:[2] "Aquele que crê em mim também fará as obras que eu faço. E as fará maiores do que estas".[3] Lembra essa frase? Pois é, foi o espírito que coordena nossa casa planetária que anunciou tal verdade. Como, então, nos determos diante dos desafios? Quer impulso ou incentivo maior à luta gratificante?

É justamente no embate do dia a dia que descobrimos nosso potencial divino. A fim de nos assegurar disso, Jesus, o Cristo, foi incansável: "Em verdade vos digo que, se tiverdes fé e não duvidardes, (...) até se a este monte disserdes: Ergue-te e precipita-te no mar, assim será feito".[4] Noutro momento, indagado se podia curar um doente, declara ao pai do menino enfermo: "Tudo é possível àquele que crê".[5]

Pensou bem? Essa força de que falava Jesus, a

[2] "Estai sempre preparados para responder com mansidão e temor a todo aquele que vos pedir a razão da esperança que há em vós" (1Pe 3:15).

[3] Jo 14:12.

[4] Mt 21:21.

[5] Mc 9:23 (Nova Versão Internacional).

qual nos parece sobre-humana, vem à tona somente quando permitimos que isso aconteça. Assim, seremos capazes de fazê-la explodir em todo seu potencial e verdade, manifestando-se em nós e em torno de nós.

Essas palavras de Jesus nos soam inexplicáveis, e ficam presas às paginas amareladas de nossa Bíblia, se não forem compreendidas como uma referência à força suscitada dentro de nós ao viver os desafios, as lutas e as adversidades do cotidiano. Parecerão mortas, sem vida, como algo perdido na poeira no tempo, sem qualquer condição de cumprir seu papel: despertar-nos para as belezas que fazem parte de nosso lar, a Terra.

você, que está se sentindo um peixe fora d'água, que pensa que este mundo está de ponta-cabeça e que, de uma hora pra outra, tudo vai acabar. Calma! Fique tranquilo; nada vai acabar, não! Estamos passando por uma arrumação... Sabe como é: pra arrumar tem que bagunçar, tirar tudo do lugar, limpar a poeira, arrastar coisas e, depois de verificar o que vale a pena guardar e o que não vale, pôr tudo no devido lugar – algumas vezes, em lugar novo.

Entendeu? Não? Vou tentar explicar. Vá até sua garagem e abra a porta. O que você vê? Xi!... Um amontoado de coisas, ferramentas e pneus velhos, latas vazias, garrafas de cerveja e refrigerante vazias; ou seja, um monte de bugiganga. Então, pergunto: Essa é a garagem que você quer? Responda... É claro que não! Essa bagunça onde nada tem seu lugar é o local ideal para você? Duvido.

Para que essa garagem possa cumprir o objetivo de proteger seu carro com eficiência e, além disso, ser um local onde suas ferramentas e tudo o mais possa ser armazenado, o que você tem que fazer? Arrumar, não é mesmo?

Por onde começar? Vou ajudar. Que acha de retirar tudo aquilo que você não usa mais e, portanto, não aproveita e não é necessário? Em seguida, abra gavetas, malas, caixas e tudo que eventualmente esteja fechado, examinando o que está dentro de cada uma. Tira daqui, afasta ali, empurra daqui, e vamos em frente. Vassoura, pano e balde com água e sabão em mãos. Essa combinação é perfeita, quando se quer limpar alguma coisa. Uma pintura nova, talvez?

Se porventura a esposa ou os filhos passarem pela garagem, provavelmente dirão:

– Pai, por acaso ficou doido? Olha só que bagunça está fazendo!

E você vai responder, sem pestanejar:

– Que bagunça nada! Estou é arrumando a garagem. Vocês verão como ela ficará bonita e ajeitada. Assim, terei mais condições de trabalhar nas minhas coisas e ainda sobrará mais espaço para o carro.

Talvez torçam o nariz e saiam cochichando algo do tipo: "Duvido! Quero ver só", incrédulos diante daquilo que acreditam ser loucura. Porém, você não desanima e, ao final de um domingo produtivo, termina, satisfeito, a arrumação. Sua garagem parece outra: maior, mais arejada e com visual organizado.

Pois é, meu amigo. Semelhante arrumação está em pleno andamento em nossa casa planetária. Aquilo que nos parece uma bagunça generalizada é um projeto de faxina mundial. Nossa casa está sendo posta em ordem pelo divino proprietário, que é Deus. Quanto a nós, inquilinos, cabe nos unir a fim de ajudar nessa organização geral, uma vez que o desejo do dono é que esse lar seja motivo de alegria e satisfação para aqueles que morarem aqui.

Entendeu, agora? O problema é que olhamos tudo sob uma ótica estreita e extremamente personalista, achando que a sujeira e a bagunça não vêm do nosso lixo. "Com certeza, foi o fulano, aquele irresponsável", pensamos, muitas vezes. Engano! Pra ser sincero, nós contribuímos sim, e muito. Nossa simples atitude de nos manter distantes da limpeza já colabora com a sujeira; quando nos julgamos dispensados de participar do movimento divino, criamos outro monte de lixo.

Sem falar no imediatismo, é claro. Sim, porque nós queremos tudo pronto a tempo e a hora. Porém, quem mais exige é justamente quem se recusa com maior veemência a botar a mão na massa. Não é engraçado?

Aí só pode nascer, evidentemente, o sentimento de que tudo está perdido, de que a bagunça não tem fim nem solução. Nada mais natural a se esperar daquele que não se encaixa na proposta, que não se apresenta para colaborar. Só pode brotar esse tipo de sentimento, mesmo. O pior é que o número daqueles que se julgam à parte e que não topam participar é bastante grande. Ora bolas, até quando Sua Alteza vai se manter sentado no trono da prepotência e vaidade?

Se a garagem está suja, permanecerá suja e será motivo de dificuldades até que você vá lá limpar. Por que cada um deve limpar a própria garagem? Porque quem acumulou coisa que não presta e deixou a sujeira tomar conta foi... adivinhe só... Portanto, assuma suas responsabilidades, a parte que lhe compete e ajude a pôr tudo em ordem. Afinal, o Criador já está fazendo a sua parte. Segundo Jesus, ele e o Pai trabalham sem cessar.[1]

Este momento singular por que passa o planeta,

[1] Cf. Jo 5:17.

em que se vê ampla transformação, é o reflexo da dinâmica inerente à vida. Para quem tem olhos de ver, é oportunidade única de se tornar parceiro de Deus e de seus agentes de progresso e renovação.

Amanhã, quando nossa casa Terra estiver com tudo no lugar, alguém pode até questionar:

– Quem fez isso tudo? Que beleza!

Ao que responderemos mais ou menos assim:

– Mas que pergunta! É óbvio que fomos o Pai e eu.

PARE DE SE SENTIR PEQUENO

pare com isto. Até quando você vai insistir nesta tristeza, neste baixo astral? A vida está passando por você e nada muda! Você continua choroso, solitário e infeliz. Se continuar assim, vai acabar adoecendo, e, quando a enfermidade chega, fica tudo bem mais difícil, não?

Que tal enxugar os olhos, respirar fundo e olhar a vida de frente? Você pode, sim, mudar seus dias, refazer seus sonhos e projetos; ainda há tempo! Junte forças através da oração, da esperança e da boa vontade e levante-se. Deus está bem aí, isto é, bem dentro de você, aguardando que você se disponha a lutar.

Vá, menina; levante-se, rapaz! Deixe de ser um estorvo na vida das pessoas que o amam. Eles não merecem isso e você não veio ao mundo pra ser pedra de tropeço na vida de quem quer que seja. Está certo, sou capaz de concordar que a vida não está nada fácil. Tanta coisa acontecendo ao mesmo tempo, numa velocidade incrível; eu sei. A gente chega a ficar meio tonto... Mas, seja como for, estamos no momento certo. Não é assim que dizem por aí? Estamos no lugar certo, na hora exata, no momento ideal, buscando nosso desenvolvimento e aprendizado; tudo está organizado de maneira a incentivar nossa caminhada e nosso progresso.

Se é assim, por que tanto drama? Por que tanto

sofrimento? Lembre que cada dia que nasce é Deus lhe oferecendo uma nova oportunidade. As horas que passam representam possibilidades de concretizar sonhos, de trazer para perto o que a alma anseia.

Agora, se quer permanecer à margem da vida, lamentando-se e se fazendo de vítima, esteja à vontade, meu amigo. Afinal, é um direito seu. Você é livre para fazer o que quiser de sua vida, até transformá-la num inferno ou numa vidinha medíocre, sem graça; lastimável, mesmo. Sim, você é livre, embora tenha de arcar com os frutos dessa sua semeadura. Parece chavão o que acabei de dizer, mas é a pura verdade.

Duvida? Duvida mesmo? Então, olhe pra si mesmo e veja em que situação triste você se encontra neste momento. Ah, sei... Vai dizer que está bem assim. Claro! É bem mais fácil. Daqui a pouco, vai dizer que a culpa não é sua. As pessoas é que não lhe entendem; sempre foi assim, desde quando você era pequeno. Elas não têm tempo pra lhe ouvir, você não teve oportunidades na vida, não tem sorte, e blá-blá-blá.

Cômodo, não é? Por que você não faz diferente? Em vez desse chororô todo, que acha de tomar coragem e vergonha na cara e ir à luta? Primeiro, admita que sua apatia é consequência do desleixo com que você, até hoje, tem tratado sua vida; que, diante dos desafios naturais do dia a dia, você optou por aquilo que lhe parecia mais fácil. Traduzindo: empurrou com a barriga, levou as coisas do jeito que deu, até onde foi possível.

Mas, se fez dessa forma, não se envergonhe, não! A maioria das pessoas pensa e age assim. Falta é coragem de admitir para si mesmo, e ainda mais de confessar isso ao outro, de discutir a respeito. Portanto, ponto pra você! Já começou bem, com a coragem de se enxergar, de se assumir. Do contrário, como consertaria o que não tem defeito? Sei que você se lembrou da mesma frase que eu: "Os sãos não necessitam de médico, mas, sim, os doentes".[1] Ah! Ele era terrível. Como se não bastasse, complementou com outra cacetada: "Eu não vim chamar os justos, mas, sim, os pecadores".[2] Ele não deixa espaço pra santo na turma dele, não é mesmo?

Assumir toda essa situação é escolher a porta estreita,[3] pra usar outra figura do grande Jesus. Ou seja, é ganhar em matéria de crescimento, maturidade, satisfação e prazer em estar vivo; é aceitar os desafios diários com atitude instigante, de aluno curioso e entusiasmado, encarando-os com determinação, fé e bom humor, o que nos aproxima de Deus. A multidão usa a porta larga, já afirmava o Galileu.[4] É natural: é o caminho da turba, é a de acesso mais fácil, é onde está "o agito". Mas que a gente perde muito ao passar por ela... Ah, isso perde, mesmo.[5]

E então? Vai permanecer aí jogado neste sofá, vendo tevê e comendo bobagens – ou vai tomar uma atitude?

[1] Mc 2:17.

[2] Idem.

[3] Cf. Mt 7:13-14.

[4] Idem.

[5] "Esforçai-vos por entrar pela porta estreita, porque eu vos digo que *muitos procurarão entrar e não poderão*" (Lc 13:24. Grifo nosso).

POR QUE A VIDA É ASSIM?

você já deve ter se perguntado muitas vezes: por que a vida é assim? Por que tudo é tão complicado e difícil? Passam-se os dias, os anos e parece que tudo fica ainda mais pesado... Alguns acabam se questionando se vale a pena continuar vivendo.

Sabe de uma coisa? Olhando meio de soslaio, como você deve estar olhando agora, até que isso parece verdade. No entanto – e ouça-me bem agora –, eu posso lhe garantir: somente é assim pra quem olha desse jeito, como que por cima das coisas, de modo superficial ou apressado, desanimado ou desatento. Mas a vida não é assim, não, viu? Ela é algo sensacional, gente! Basta prestar atenção à nossa volta, às coisas que acontecem a toda hora, dia a dia.

Em outras palavras: a vida não é o que você vê; o que você vê nada mais é que o seu ponto de vista particular a respeito dela. É um retrato da vida, conforme captado por seu olhar, que é imbuído de crenças e emoções do momento, além de estar acostumado a determinadas reações e manias... Se na fotografia o resultado depende da luminosidade, do movimento dos objetos e da câmera, do funcionamento correto do diafragma, da habilidade do fotógrafo e de outros fatores ainda, o retrato que seu olhar faz é igualmente influenciado por diversos aspectos, relacionados à sua maneira de ver, e que trarão grande impacto sobre cores, formas e contornos registrados. Tanto é assim que, diante da mesma realidade, cada um enxerga algo diferente! Use a criatividade e faça um teste entre seus conhecidos...

Fato é que a vida é algo de extraordinário, um fenômeno, um grande milagre. Então, diante do que foi dito, temos é que parar pra pensar na forma como lidamos com ela.

Ah! Esse é o ponto de reflexão. Talvez por esse caminho se explique a origem de tanto desapontamento. Como tratamos a vida? Como administramos o tempo e as oportunidades que surgem? E os desafios, então? Nossa! São sempre vistos como problemas, desgraças, punições cuja razão ignoramos, tudo muito difícil de ser superado.

Se for por essa ótica, sim, a vida é mesmo complicada e até meio chata. Ocorre que, na verdade, a vida é neutra. Quem lhe dá direção somos nós; nós é que a preenchemos com cores, aromas e possibilidades. A carga emocional, que lhe dará tom e substância, é elaborada e aplicada por nós. A intensidade e o entusiasmo empregados nas realizações também são fruto da nossa escolha. O que injetamos na vida em matéria de movimento, direção, coisas positivas ou nem tanto, seja de forma deliberada ou não, é, ainda, resultado do jeito como a encaramos.

Portanto, é hora de mudar nossa forma de ver e

sentir a vida. Se ela se tornou um fardo pesado, pode acreditar: o maior responsável é você! Ser responsável tem isto, o que é ao mesmo tempo bom e desconfortável: se estiver bom, você pode ficar contente, pois o mérito é seu; por outro lado, se estiver ruim, não há a quem culpar – só cabe a você mudar. Note que isso é desconfortável, mas não ruim, porque a grande vantagem é não depender de ninguém para virar a página. Estão dentro de você tanto o que precisa de modificação quanto as ferramentas para fazê-la!

A vida está dura? Sou capaz de apostar que, em algum momento, você respondeu de forma equivocada a determinada provocação natural que ela lhe fez. Caso tudo lhe pareça um mar de tristezas e angústias, creia, uma grande parcela de responsabilidade cabe a você, que nutriu expectativas acima das reais.

Mas olhe: nem tudo está perdido, não! Repare como a vida se renova a cada sol que nasce. Já viu? Sabe o que ela está tentando lhe dizer? Algo mais ou menos assim: "Você está insatisfeito, infeliz? Algo lhe incomoda a ponto de querer desistir de mim? Deixe de ser bobo; sempre é tempo de recomeçar. As horas e os dias que ofereço têm como finalidade lhe dar tempo para mudar de opinião. Pedir perdão, enxugar os olhos, voltar atrás em alguma decisão, trilhar novos caminhos, fazer amigos; enfim, viver – humanamente, viver".

Sinta a vida com mais profundidade e retire dela o que de melhor ela tem reservado, exclusivamente, para você. A vida é bênção do Criador, que jamais a faria insuportável às suas criaturas.

Lembre: Deus é bondade e justiça; segundo a definição de Jesus, é Pai;[1] de acordo com um dos apóstolos, "Deus é amor".[2] E estamos conversados!

[1] Cf. Mt 6:9; 23:9; Jo 6:27,45; 8:54; 20:17 etc.

[2] 1Jo 4:8.

AH, SAUDADE DANADA!

tem dias que a gente acorda com um nó na garganta, algo a nos apertar o peito, bem junto do coração. Uma coisa que a gente não sabe explicar o que é. Saímos pra rua, vamos ao trabalho, à escola, e lá está ela, dentro de nós. Pode ser que os olhos se encham de lágrimas ao ouvirmos uma canção antiga, ou quando vemos uma pessoa que se parece com alguém querido, ou, ainda, ao escutarmos um som ou uma voz familiar. Coisas desse gênero ocorrem, embora não sejamos capazes de definir o que nos incomoda tanto. Até que, de repente, como num passe de mágica, tudo vem à tona.

Num piscar de olhos, nos vemos envolvidos numa nostalgia povoada por lembranças, lágrimas, sons e aromas. Como se fosse um carro alegórico, lá vem ela, a saudade. Sim, saudade de uma época, de alguém, de algum lugar; em suma, de algo que ficou pra trás, na poeira do tempo. À medida que nos envolvemos com essa atmosfera do passado, o presente se desfaz, desaparece, e nos vemos projetados no tempo e no espaço. O que, até alguns minutos antes, definiríamos como aperto inexplicável no coração, de súbito se transforma, e chegam a nossos ouvidos os sons, a nossos olhos, as imagens, e, então, sentimos o perfume peculiar daquilo que, noutra época, vivenciamos corriqueiramente.

"Ah! Aquela casa onde passei minha infância, onde fiz minhas primeiras descobertas... Meu balanço de pneu e corda, a goiabeira lá nos fundos do terreno. Posso sentir o gosto da goiaba madura ainda agora em minha boca. E aquele dia então, em que fui pego de surpresa? Era meu aniversário e minha mãe fez um bolo deste tamanhão. Depois, veio o Natal, em que ganhei meu brinquedo de montar.

"Meu primeiro dia de escola... Como chorei! Mas foi só até minha professora me levar para a sala encantada onde estudei. Era encantada mesmo. Nunca tinha visto nada igual. Nossa! Meus amigos da infância, da juventude e, ainda, meus amigos da idade adulta..."

Às vezes, a saudade é das pessoas que já não estão conosco, aqui, lado a lado, neste mundo de meu Deus. É mãe ou pai; são filhos, irmãos, tios, avós ou amigos. Que falta fazem! Tenho pra mim que, quando é assim e o coração aperta, eles tiveram permissão de Deus e vieram nos visitar. Pode acreditar: eles também sentem saudades suas. Tanto é verdade que, por um período, é comum vê-los andar por aí, por lugares que lhes foram caros, por onde viveram. São almas que abrem a porta abençoada da memória e passeiam por suas histórias de vida, assim como fazemos também.

Eta! Coisa boa a saudade, né? A gente viaja por caminhos e cenas que já conhece. Coisa engraçada... Geralmente a gente quer ir aonde ainda não esteve. Com a saudade, não! Passeamos por épocas e lugares familiares, encontramos pessoas que conhecemos e vivenciamos histórias que, de uma forma ou de outra, ajudamos a construir. E é exatamente nessa particularidade que repousa a beleza de tudo isso. Nós, humanos, somos humanos por ter a condição de chorar e rir com o que fizemos ou com quem tivemos a oportunidade de viver e conviver. Fabuloso. Já imaginou se tal possibilidade não existisse? Que vazio seria?

Então...

"Bem-vinda, amiga saudade! Entre e sinta-se a vontade. Seja minha companheira e me conduza por caminhos que já percorri; faça-me rever meus amores, amigos e parentes. Deixe-me novamente subir no pé de jabuticaba, ouvir a música de ninar na voz de mãe. Quem sabe brincar de pique-esconde?[1] De repente, sentir outra vez a emoção de segurar o diploma de formatura ou o impacto da chegada do primeiro filho. Ah! Quando ele me chamou de *mamãe* pela primeira vez... quase morri de emoção!"

Portanto, se amanhã você acordar com um nó na garganta e sentir algo apertando o peito – a menos que seja um infarto! –, nada de alarme. Deixe e viva... Certamente é a saudade que veio lhe visitar.

[1] Dependendo da região do Brasil, a brincadeira infantil de esconder-se enquanto a um é dado procurar os demais é conhecida como pique, pega, pega-pega, entre vários outros nomes.

CONTRIBUIR PARA MELHORAR

pare de chorar, abra seus olhos para a vida! Ela veio lhe convidar a assumir uma postura condizente com o investimento que Deus faz em você. É hora de deixar de lado as lamentações e permitir que Deus aja em sua vida.

A humanidade está madura para entender boa parte dos mecanismos que conduzem a criação. Repare que os homens já são capazes de sair da esfera terrestre em espaçonaves potentes e de viajar cotidianamente pelos ares, no conforto dos aviões modernos. Falam entre si em tempo real, em grande parte do planeta. Mergulham na imensidão dos mares. Devassam a intimidade das células e conhecem particularidades de vírus e bactérias com relativa precisão. Fatos como esses são apenas o prelúdio daquilo que Jesus afirmou há vários séculos sobre o futuro da humanidade.[1]

Ei, você! Chegue mais perto... Posso contar um segredo? Num período não muito distante, o homem não precisará de espaçonave, não! Nem de celulares ou coisa parecida. Instrumentos, apetrechos e outras possibilidades apenas traduzem os atributos da alma humana; são uma espécie de exteriorização de seus dons integrais. Tais acessórios têm a finalidade de despertar as potencialidades dos seres criados pelo Pai. Somos filhos de Deus, com todas as características inerentes a

[1] Cf. Mt 13:43; Ap 3:12.

essa paternidade.[2]

Portanto, dê ao mundo sua parcela de contribuição. Ela é importante; se assim não fosse, não haveria motivos de você existir, viver este momento em particular, nestas circunstâncias. Não seja seu próprio carrasco; não se deixe perder pelos caminhos do medo e da insegurança. Quanto mais você acolhe esse tipo de sentimento, você se enfraquece e pode até adoecer, sabia?

O momento é de unir forças! Diante dos desafios diários, deixe de lado a pasmaceira emocional e vá em direção ao seu destino de maneira audaciosa e criativa. Sacuda a poeira, pois ficar parado não leva a nada, e invista em aumentar a qualidade de vida, tanto a sua quanto a do planeta. E, se porventura as lágrimas vierem nublar seu olhar, que sejam de gratidão a Deus, por Ele lhe conceder a oportunidade de estar vivo e crescer, aprender – por fazer parte do grupo dos que reencontraram a alegria de viver!

[2] Cf. Mt 12:50; Ap 21:7.

ESQUINA DA VERDADE

dois amigos se encontram em uma esquina movimentada de uma grande cidade. Após os cumprimentos habituais, acontece o seguinte diálogo:

– Como anda a vida?

– Difícil, meu amigo... Muito difícil. Veja só: estou desempregado, minha mulher está grávida do terceiro filho e corremos o risco de perder a nossa casa. E, para piorar ainda mais a situação, estou doente dos pulmões.

Aquele que iniciou a conversa, solidário na dor e no momento complicado que o amigo vive, se dispõe a ajudar e o convida a ocupar uma das mesas de um café a poucos passos de distância. João, que falava de seus infortúnios, aceita de imediato, já com novo brilho nos olhos, confiante de que o socorro será simples e rápido, ou seja, uma grande soma de dinheiro – sem data pra pagar e com juros de poupança! Ou seja, um favorzão daqueles, de que só os amigos do peito são capazes.

– Vejamos – inicia o primeiro. – Vamos levantar elementos e analisar o caso, didaticamente. Item número um: desemprego. Pelo que sei, são uns 25 anos na mesma empresa e no mesmo cargo, não é?

– Isso mesmo! – João responde, cheio de orgulho, mas com uma ponta de azedume. – Dei a vida por aquela empresa.

– Então, como se atualizou em sua profissão ao longo desse tempo todo?

– Pra quê? Todo dia era a mesma coisa... Somente nos últimos tempos é que resolveram modernizar o setor, com a tal *informatização* da empresa... De repente, o serviço, como era feito, com sucesso há mais de 20 anos, não servia mais. Então, sem mais nem menos, fui demitido. Máquinas infernais!

– Será mesmo? Você sabe utilizá-las? Afinal, precisamos começar a pensar em sua recolocação profissional e, para isso...

– Claro que não! Não fui contratado para mexer com elas. Faço meu trabalho perfeitamente sem essas coisas de hoje em dia.

– Certo... Passemos adiante. Segundo item: a gravidez. Você e sua mulher fazem uso de algum método anticoncepcional? Preservativos ou ao menos a chamada tabelinha?

– Não, nunca fizemos. Sabe como é: na hora H, a gente nem pensa nessas coisas... – disse João. – Quando a gente vê, já foi.

– Muito bem. Vamos ao terceiro ponto relatado por você: sua moradia, que está ameaçada. Por ocasião do financiamento do imóvel, você levou em consideração a disponibilidade financeira da família, não apenas na época, mas em longo prazo? Tendo em vista que esses contratos costumam ser longos, de 15, 20 e até 30 anos, você certamente considerou possíveis obstáculos, como perda de emprego, doença e outras coisas, não é mesmo? Você leu com atenção os pormenores do contrato, sobretudo as cláusulas que tratam da inadimplência? Fez um seguro ou uma poupança, antevendo situações como essas?

– Para dizer a verdade, não fizemos nada disso. Ler, não li, não. Mesmo porque são letrinhas tão miúdas que dá preguiça. Várias e várias páginas... Além do mais, se discordar de alguma coisa, o banco não financia. Então, pra que ler? E, quanto à poupança... Está falando sério? Acha mesmo que dá pra poupar com essa mixaria que eu ganhava? O dinheiro nunca foi suficiente nem pros gastos normais, do mês.

– Sim, sim... Compreendo. Percebo que você continua fumando, e muito, pois no decorrer de nosso bate-papo já se foram três cigarros.

– Verdade! Esse vício não me deixa. Bem que já tentei, e tento, mas a carne é fraca. Além do quê, no meio de tanta dificuldade, o cigarro é das poucas coisas que me acalma.

– Pois é, João, a vida para você realmente parece difícil. E digo mais: a probabilidade de que melhore é pequena! Do jeito que as coisas vão, a tendência é que ela se torne ainda mais complicada, pois o maior interessado em modificar sua rota não está disposto a promover a transformação.

– É mesmo? Quem? – pergunta João. Mas, sem esperar resposta, já começa a especular. – Minha mulher, meu ex-patrão? Ele nunca gostou de mim. Já sei! Este governo ladrão, que aí está! Foi macumba, não foi? Eu sabia!

– Não, meu amigo, nada disso. O responsável por tudo isso é você mesmo. E no fundo você sabe disso, não sabe?

Ao se despedir, após deixar João atônito e sem resposta, o amigo parte cantarolando: "Viver, e não ter a vergonha de ser feliz...".[1]

[1] Verso do samba *O que é, o que é*, grande sucesso da carreira do músico carioca Gonzaguinha, que o gravou em 1982. O compositor assina letra e música dessa canção.

O TEMPO PASSA PARA TODOS

"você acha que nunca vai envelhecer, meu filho?" Foi com essa interrogação de ar profético que determinada senhora abordou um jovem dentro do coletivo. Exatamente na parte da frente do ônibus – onde, naquela cidade, ficavam os assentos reservados aos idosos –, o rapaz se sentou, com a convicção de que não precisaria levantar-se, a não ser ao se aproximar do final de sua viagem, quando passaria a roleta, pagando a passagem, e desceria.

Tenho convicção de que aquela pergunta se aplica a vários setores de nossa vida e deveria ser elaborada com o maior número de variantes possíveis. Vamos a alguns exemplos. Você acha que nunca vai adoecer? Você acha que nunca terá arrependimentos? Pensa que jamais morrerá ou, então, que jamais ficará só, triste ou desempregado? Essas são apenas algumas entre tantas situações a que estamos sujeitos, e que vêm acompanhadas de certa cota de desconforto.

Porém, ao contrário do que normalmente se imagina, trágico é *não* pensar nessas possibilidades, é *não* refletir a esse respeito. Devido a um medo bobo ou à superstição, é frequente que as pessoas não conversem sobre determinados assuntos. Doença, morte e velhice estão no topo da lista. "Cruz-credo! Vira essa boca pra lá! Não fala nisso, não, que atrai." Com frases do gênero, o tempo vai passando e a gente vai fugindo de enfrentar, com maturidade, a vida tal como ela é. Noto que a tragédia verdadeira não é o acontecimento desafortunado, mas é jamais considerar situações que têm muita possibilidade de ocorrer – algumas *certamente* vão ocorrer – e, assim, deixar de nos preparar de maneira adequada.

É evidente que não precisamos levar a vida de forma neurótica, esperando o pior. Não se trata disso... Porém, se pelo menos tivéssemos a sensatez de nos precaver, evitando certos comportamentos e atitudes, isso já aumentaria bastante a possibilidade de sermos vitoriosos quando alguma das situações mencionadas acontecer conosco.

Se voltarmos a pensar sobre o comportamento daquele jovem no ônibus, cabe questionar: o que exatamente nos leva agir de maneira desrespeitosa com nossos idosos? Por que colocar obstáculos à sua integração à sociedade? Por que lhes cercear a liberdade de agir e de se expressar?

– Que é isso?! Nós fazemos tal coisa? Jamais! De jeito nenhum! – alguém pode dizer, com as mãos espalmadas sobre o coração, olhos arregalados de espanto e tom de voz afetado. – Quando agimos assim, meu Deus?

Calma lá! Eu tenho umas ideias... Agimos assim quando alguém deposita o idoso no quartinho dos fundos, ou no pior cômodo da casa, e passa dias ser ir vê-lo, alegando que dessa forma ele terá mais sossego... Ou, ainda, naqueles casos em que colocamos o idoso em asilos ou casas de repouso, argumentando que nessas instituições há gente da mesma idade e, por isso, lá ele será mais feliz; entretanto, o motivo real é menos a preocupação com sua felicidade e mais a vontade de nos vermos livres daquela figura incômoda... Será que esses e outros comportamentos não revelam algum descaso, algum desejo de alijar os idosos do convívio familiar, sobretudo quando sua saúde requer atenção especial? Será que, a fim de tornar-se aceitável, o abandono não usa o disfarce do cuidado? Há ainda a triste situação daqueles que se apossam dos rendimentos ou do eventual patrimônio de seus parentes mais velhos, sob o pretexto de que estes já não têm condições de administrá-los, privando-os de comodidades das quais poderiam usufruir.

É certo que geralmente envelhecer significa perder agilidade física e mental e, muitas vezes, demandar auxílio. Porém, apresentar atitudes assim sob o nome de ajuda é, antes de qualquer coisa, esquecer o que é líquido e certo. Um dia você também terá visão enfraquecida, mente nublada, cabelos brancos e pele enrugada. Muito provavelmente! Sim, você mesmo, por mais dono do mundo ou bambambã que se ache. É, meu amigo, você e muitas outras pessoas envelhecerão! Tomara que, quando a hora chegar, existam corações que o amem a ponto de auxiliá-lo a passar por essa bela fase da vida; Deus o abençoe para que possa contar com o aconchego de uma família que ampare sua caminhada entre o passado e o futuro.

Pense sobre essa realidade. Aja agora com o outro como gostaria de ser tratado nos dias futuros de senhor ou senhora; faça com que seus atos sejam compatíveis com os sonhos e desejos que alimenta.

Quando começar? Hoje, agora. Como? Que tal dar o lugar àquela senhora que acaba de entrar no ônibus, ou, ainda, a este senhor que carrega uma pequena sacola de compras? Outra ideia é diminuir o passo para ajudar aquele idoso que tem de subir a escada. Talvez seja melhor esperar concluir a travessia aquele casal de pedestres idosos que ainda está no meio da pista, na faixa de pedestre, e não buzinar apenas porque o sinal está prestes a abrir para você.

Enfim, comece já. Não espere mais. Dias melhores sempre chegam quando contam com nossa participação.

DEUS
É
O
SEU
PAI

já parou pra pensar na sorte que você tem?... Não?! Pois deveria. Sabe por quê? Por causa da sua paternidade divina. "Pois um só é o vosso Pai, aquele que está nos céus"[1] – nos assegurou Jesus. Isto é, por mais que as coisas estejam complicadas e difíceis, você é filho de Deus – a essência da vida, o motivo, a causa de tudo existir.

Está aí uma ideia que deve ser pensada, sentida e cultivada em toda a sua amplitude e importância. Você acha, por exemplo, que sendo filho de quem é, estaria relegado ao esquecimento e, por consequência, entregue à sua própria sorte – sem eira nem beira, como se diz por aí? Claro que não! Ao contrário, sendo filho de quem é, seria impossível que vivesse sob um peso insuportável, a ponto de não ser capaz de carregá-lo e superá-lo. Olhe, você pode até duvidar do que estou dizendo, mas Deus, seu Pai, nosso Pai, não poderia ser chamado assim se o que digo não fosse verdade.

Quer ouvir mais do que o grande nazareno falou a respeito de nosso Pai? Eu adoro esta passagem: "Qual de vocês, se seu filho pedir pão, lhe dará uma pedra? Ou se pedir peixe, lhe dará uma cobra? Se vocês, apesar de serem maus, sabem dar boas coisas aos seus filhos,

[1] Mt 23:9.

quanto mais o Pai de vocês, que está nos céus, dará coisas boas aos que lhe pedirem!".[2]

O que nos falta é compreender essa relação Pai e filho, Criador e criatura. O Pai quer sempre o bem de seu filho e arquiteta todas as coisas segundo esse desejo. Entende que, para que o filho chegue a algum lugar, terá de aprender a superar os próprios limites e também perceber que a vida é uma sucessão de desafios. Caso estes sejam enfrentados de maneira produtiva, cada vitória proporcionará àquele que se dispõe ao bom combate uma dose extra de força, discernimento, esperança e maturidade como recompensa.

Pare e pense: se não fosse desse modo, valeria a pena? A cada dia que você sai de casa para cuidar dos afazeres e das responsabilidades, naturalmente encontra desafios pela frente, das mais variadas formas e intensidades. Ora, se não estão aí para nosso crescimento, então servem para quê?

Um dos problemas sérios é que viemos de uma relação muito mal resolvida com o Pai. Ouvimos falar que se encontrar com Ele é um lance único e impagável, então queremos senti-lo em êxtase místico, numa experiência sensorial ou, de preferência, sobrenatural, que, além de tudo, ainda nos prove sua existência e proteção de maneira definitiva. Acorde, não é esse o ponto! Essa exaltação dos sentidos não traduz os planos de Deus. Caso ocorra, porventura transformaria a tudo, como que por efeito de uma varinha de condão? E o que seria

[2] Mt 7:9-11 (Nova Versão Internacional).

dos demais dias, após o episódio fantástico?

Então, o que esperar desse Pai? Como nos relacionar com Ele?

Nossa relação com Deus se faz e se elabora no cotidiano. Em nossas idas e vindas pelas ruas, estradas, rios, caminhos; na escola, no encontro com as pessoas, no trabalho, nos templos religiosos; ao saborear uma boa comida, no bate-papo trivial, nas perdas e nos ganhos; no riso e também na lágrima.

Até onde posso enxergar, para mim está claro que a relação com o Pai está em sermos humanos – com tudo aquilo que nos faz humanos em processo de construção. Buscando ser simplesmente humanos, sentiremos a presença de Deus em cada momento de nossa vida. Seremos capazes de perceber a assistência amorosa e justa que oferece, na proporção exata em que nos esforçamos para dar o nosso melhor.

Estabeleceremos, assim, uma grande parceria, pois acima de tudo e antes de qualquer coisa somos parceiros de Deus. Esta abençoada casa planetária a que chamamos Terra espera e precisa de nossa contribuição para se tornar ainda melhor, mais adequada aos que moram aqui e aos que estão por vir.

Entendeu agora por que você é, de fato, uma pessoa de sorte?

Então, pare de se sentir assim desafortunado; não vale a pena. Levante a cabeça, olhe para cima e diga: "Gente, eu sou filho de Deus, que fez tudo ao meu redor para mim e para todos os seus filhos. Se hoje a tristeza, a dor e a angústia me visitam é que tenho algo a aprender, a mudar, em que crescer; afinal, sou humano. Por outro lado, sou também divino quando compreendo que essa circunstância é passageira, como tudo no mundo. Aprendo com esse estado de introspecção; sinto e permito que trace seu caminho e faça história em minha alma. Embora também saiba dizer 'basta!' quando tais sentimentos ameaçam minha integridade e começam a enfraquecer minha fé".

E cá está um paradoxo, como dizem; uma coisa curiosa. Se sinto alguma tristeza, em última análise deveria também sentir-me – por que não? – alegre, pois a simples constatação de que detenho as ferramentas necessárias para modificar o panorama íntimo já é motivo para me alegrar. Não é mesmo?

Surfando nessas reflexões, viajando pelos dias que me são oferecidos, passo a passo conheço esse meu Pai, que me ama e me incentiva a ser melhor a cada dia, através de aulas práticas das quais participo com toda a intensidade, sabendo que o maior beneficiado serei eu mesmo.

Então, você é ou não é uma pessoa de sorte?

O DRAMA DE ESCOLHER

com frequência você fica de cabeça quente diante das escolhas que tem de fazer? Por vezes sente que são muitos os momentos de tormenta íntima até realizar a escolha mais sensata? Não sabe se vai para a direita ou para a esquerda, ou com que roupa vai àquela festa; esses e inúmeros outros dilemas? Lembro uma frase que exprime a angústia da indecisão com humor: "Não sei se caso ou compro uma bicicleta". Como esse ditado mostra, o problema aparece nas coisas mais rotineiras, comezinhas, até naquelas decisões mais sérias, que podem mudar para sempre o rumo de sua vida ou de quem está à sua volta.

Para que você sofra menos, declaro que você não está só nessa encruzilhada. Não, mesmo! Trata-se de algo absolutamente natural – e humano. As escolhas são sempre algo desafiador. Mesmo nós, os chamados espíritos, vivemos situações semelhantes.

Ai! Tomara que você não seja daqueles que acham que, após a morte, tudo se resolve como num passe de mágica... Que acredita que, do lado de cá, basta pensar, e pronto. Nada disso, meu senhor! Tudo ocorre de um jeitinho muito parecido... Afinal, a gente só morreu; não mudou de planeta, não. Para todos nós, o processo é o mesmo: é preciso pensar, refletir, ponderar e, então, tomar uma decisão.

Ah! Famigerada decisão... Particularmente, optei por algo bem prático e eficaz – resolvi seguir os conselhos de Jesus. Quais? Quer saber? Responda: sim ou não?... Já sei: está pensando! Bem, seja qual for sua decisão, vou dizer, de qualquer maneira.

"Façam aos outros o que vocês querem que eles lhes façam".[1] Conhecida como regra de ouro, ela não tem erro. O próprio Jesus assinala sua importância em seguida: "pois esta é a Lei e os Profetas".[2] É um princípio que sintetiza tudo, mesmo. Diga, você gostaria de ser recebido de que maneira na casa de quem foi visitar? Com cordialidade, educação e hospitalidade, certo? Então, faça o mesmo! E nos momentos em que é chamado a opinar, ou deve apresentar uma sugestão, pare e pense: como gostaria que se dirigissem a você para dar ideias e sugestões, ou mesmo críticas? Humm! Aí, fica fácil saber a resposta. Proceda da mesma forma, portanto.

Ante os momentos em que somos forçados a tomar uma posição, há um ensinamento que diz: "Seja, porém, o vosso 'Sim', sim, e o vosso 'Não', não".[3] Em outras palavras, busque a coerência, a retidão de caráter, a transparência e a fidelidade, desenvolvendo com quem convive uma relação de confiança. As pessoas terão, certamente, mais tranquilidade em lidar com você; saberão que tem na firmeza de propósito um valor.

[1] Mt 7:12 (Nova Versão Internacional).

[2] Idem.

[3] Mt 5:37.

Além disso, a frase de Jesus indica: não tente conciliar o inconciliável, levando adiante duas situações incompatíveis, por receio de tomar uma decisão de modo resoluto. Melhor é a decisão, ainda que isso lhe exija pagar um preço, do que eximir-se de decidir e optar.

E aquele outro ensinamento? "E se alguém quiser demandar contigo e tirar-te a túnica, deixa-lhe também a capa. Se alguém te obrigar a caminhar uma milha, vai com ele duas".[4] Há uma maneira bem interessante de interpretar e aplicar essa proposta de Jesus, entre tantas possibilidades de entender a figura tão rica. Raciocine comigo. É de se imaginar que ele conhecia bem nossa predisposição à acomodação e à preguiça, à chamada lei do menor esforço. Sendo assim, entendo que ele orienta algo como: "Vá mais além; existe sempre algo mais a fazer. Você tem condições de superar seus obstáculos. Faça um esforço extra e reconheça que existem possibilidades que excedem as que você julga possuir. Descubra-as e utilize-as, superando seus limites". Isto é, ele aposta no potencial adormecido em nossa alma.

Ainda com o objetivo de nos ajudar a adotar novas posturas ante as dificuldades e indecisões, recordo uma passagem célebre, que não é de Jesus, mas do apóstolo Paulo. "Todas as coisas são lícitas, mas nem todas convêm; todas as coisas são lícitas, mas nem todas edificam".[5] Como pode notar, ele nos esclarece que, numa encruzilhada, a gente é livre para fazer o que qui-

[4] Mt 5:40-41.

[5] 1Co 10:23.

ser e escolher à vontade; sem problemas. Só é preciso levar em conta um detalhe: tudo gera um efeito; toda escolha acarreta consequências. Já que é assim, vale pesar prós e contras com cautela e bom-senso, a fim de considerar todo o processo. Não existe castigo ou coisa parecida; existem, sim, responsabilidade sobre nossos atos e consequências desencadeadas a partir de nossas opções e atitudes. Esteja certo: nada passa despercebido na vida.

Talvez ainda perdure a dificuldade de escolher ou tomar alguma decisão, mesmo após esse nosso bate-papo. Disse antes e repito: esse é um fenômeno natural, parte do processo de crescimento em que todos estamos inscritos. No entanto, você não pode negar, honestamente, que agora tem à disposição mais recursos para ajudá-lo a se decidir. Caso os aproveite bem, tenho convicção de que serão úteis para que construa dias mais felizes sobre a Terra.

Ah! Para terminar, posso lhe pedir uma opinião? Preciso tomar uma decisão e estou em dúvida... Não, não se assuste. Estou só brincando!

EXPERIMENTE O NOVO

e então, que tal mudar sua vida? Que tal fazer algo novo? Já não está cansado desta sua figura sem graça e sem brilho?

Sabe, a cada hora o mundo se apresenta de modo diferente; minuto a minuto tudo se transforma, bem debaixo dos nossos olhos. Mudam-se governos, economia, clima, o papel de cada um na família; a própria estrutura familiar. Sofre transformações a forma de trabalhar, estudar, comunicar-se e educar. Meu Deus, que mundo dinâmico! Não é pra menos; nem a Terra fica parada. Gira em torno do Sol e em torno de seu próprio eixo. Dá pra ficar na contramão desse movimento todo?

Então, como é que você insiste em manter-se assim, igual, sem novidades, apático, sentindo-se infeliz? Como se fosse a própria imagem da derrota, parece apenas vegetar, dia após dia, vendo a banda passar. Os anos vão embora e você não surpreende ninguém – e, o que é pior: nem a si mesmo.

Acorda, meu filho! Tá na hora, ou melhor, já passou da hora! A vida não vai esperar.

É hora de reciclar valores, posturas e a forma de ver o mundo. Levante, movimente-se, integre-se à vida que pulsa em torno de si. Retire a poeira da mesmice, que está sobre você e ameaça sufocar sua alma. Lave a espessa nuvem de miasmas que orbita ao redor de sua cabeça com o xampu das novas ideias. Abra a janela da imaginação e areje os sonhos, renove os votos de felicidade. Informe-se, vá à luta! Abra as portas e janelas de sua casa – física e mental – e deixe a vida entrar, com toda a intensidade, por todas as dependências de seu lar.

Nada será diferente se você não adicionar à sua vida um pouco de ousadia e novidade. O ser humano foi colocado aqui na Terra para ir além dos limites, para ter a desenvoltura de fazer-se novo a cada desafio.

O próprio Jesus sempre incentivou – e incentiva ainda hoje – a descoberta dos valores divinos[1] que temos em nossa alma desejosa de cor e felicidade. Ninguém que esteve diante do Nosso Senhor deixou de receber o estímulo para prosseguir, ir adiante,[2] ou para ter os olhos sempre atentos, a fim de enxergar o que de inusitado as circunstâncias da vida têm a oferecer.[3] Ah! Meu amigo, se nós tivéssemos a fé do tamanho de um grão de mostarda[4] – fé aqui traduzida como disposição para avançar sempre –, há muito este mundo estaria bem melhor. Mas qual! Optamos ainda pelo menor esforço e, por consequência, privamo-nos de tantas maravilhas e ficamos com menos do que merecemos e precisamos.

Repito a pergunta: Que tal mudar sua vida? Que

[1] Em dado momento (Jo 10:31-39), ao refutar acusações de blasfêmia que alguns judeus lhe faziam, Jesus cita a seguinte passagem das Escrituras: "Eu disse: Vós sois deuses" (Sl 82:6. Cf. Jo 10:34).

[2] Cf. Mt 9:8; 12:15; 14:14; 15:31; Lc 5:24 etc.

[3] Cf. Mt 6:25-34 etc.

[4] Cf. Lc 17:6.

tal fazer algo novo?

Mude o corte de cabelo! – já é um começo. Quem sabe você não poderia preparar hoje algo de especial para si mesmo? Pare de fumar, deixe um pouco a tevê de lado, surpreenda seu amor com um jantar inesquecível... Que me diz? E seus filhos, há quanto tempo não os tem bem próximos e não cria um momento sem igual ao lado deles? Prepare um lanche ou encomende uma boa pizza de calabresa. Ao sabor de uma boa massa – quem sabe? –, passe algumas horas num bate-papo que vai das lembranças aos projetos futuros.

Gente, o mundo não será diferente se não nos fizermos diferentes, criativos, disponíveis. É hora de nos juntarmos num propósito comum: fazer diferente e, assim, fazer a diferença. De repente, verá tudo se transformar a sua volta e – o mais importante – dentro de você.

Vá, experimente!

NA RAPIDEZ DO TEMPO

a vida passa ligeira, os dias chegam e vão com a rapidez do pensamento. Ao menos, é o que parece. Hoje temos meses, amanhã, 10 anos; depois, 20; e os anos vão se somando, arrastados pela rotina. Nem dá tempo de percebê-los. Às vezes, rapidamente, do modo como chegamos à vida física, despedimo-nos dela, sem nos apercebermos da beleza que essa oportunidade representa.

Ah! A vida física, estar num corpo de carne e osso... Quantas possibilidades; quantos aguardam nas dimensões da espiritualidade por esse momento. Aprendemos do lado de cá que a vida na Terra serve para crescer, aprimorar características, desenvolver potencialidades.

Os dias devem ser vividos com intensidade, saboreados em cada minuto. Mas e as questões do viver cotidiano, as nossas obrigações? Aluguel, prestação da casa própria, trabalho, filhos, marido, mulher etc., etc. Como conciliar todas as atribulações e ainda sentir a vida, ser feliz?

Num momento, o dissabor de uma despedida nos leva ao sofrimento e à dor... Noutro, aquela promoção pela qual lutamos tanto foi dada a outro "que nem merecer, merecia!". É a sogra, que resolve aterrorizar os dias em família. Realmente, equilibrar tudo isso é um malabarismo que nos pede superpoderes; temos que ser super-heróis. Mas quem disse que nós não temos superpoderes? Quem disse que não podemos ser heróis em nossas histórias de vida?

Há tempos esteve conosco um homem que, entre muitas coisas, fez milagres e prodígios.[1] Assegurou, na prática, nosso potencial de realização. Em determinado instante falou, alto e bom som: "Se permanecerdes em mim, e as minhas palavras permanecerem em vós, pedireis o que quiserdes, e vos será feito".[2]

Aí você pode me dizer: "Ah! Calunga, isso era ele... Quem somos nós pra fazer coisas do tipo?". E aí eu sou obrigado a contar a você que gente igual a gente, convivendo com ele e com seus ensinamentos, fez coisas incríveis também. Já pensou no significado disso?

Deixe-me contar um caso que ilustra isso.

Os apóstolos Pedro e João entravam no templo quando uma pessoa com deficiência ou um "coxo"[3] – de nascença, segundo o relato[4] – lhes pediu esmola. Após dizer a ele que os olhasse nos olhos, Pedro declara: "Não tenho prata nem ouro, mas o que tenho te dou. Em nome de Jesus Cristo, o nazareno, levanta-te e anda".[5] E o texto prossegue, falando do recém-curado: "Tomando-o pela mão direita, o levantou, e logo os seus pés e artelhos se firmaram. Saltando ele, pôs-se

[1] Cf. Mt 15:31; Mc 2:12; 7:37 etc.

[2] Jo 15:7.

[3] Cf. At 3:2.

[4] Idem.

[5] At 3:6.

em pé e começou a andar".[6]

Aí você vai se maravilhar e talvez, de novo, dizer: "Ah! Mas isso eram os santos apóstolos!" E aí eu peguei você novamente, porque o próprio Pedro, nos instantes seguintes, comentou reação semelhante, já àquela época. Veja o que diz a história: "Quando Pedro viu isto [todos correndo, atônitos, para junto deles], disse ao povo: Homens israelitas, por que vos maravilhais disto? Ou, por que olhais tanto para nós, *como se por nosso próprio poder ou santidade* tivéssemos feito andar este homem? (...) Pela fé no nome de Jesus, este homem a quem vedes e conheceis foi fortalecido. *Foi a fé que vem pelo nome de Jesus que deu a este, na presença de todos vós, esta perfeita saúde*".[7]

Repare o que Pedro afirma: a cura se deu pela fé *que vem do nome* de Jesus! Também podemos entender isso como a fé que ele motiva, que ele inspira. Esse homem, Jesus, marco de nossa civilização ocidental, trouxe conceitos que fazem parte de todos os setores de nossa vida.

Em seu processo de educação de almas, não perdeu uma oportunidade sequer de apresentar ideias inovadoras, que nos fariam sentir de maneira mais prazerosa e produtiva os dias, meses e anos. Em uma ocasião disse: "Observem os corvos: não semeiam nem colhem, não têm armazéns nem celeiros; contudo, Deus os alimenta. E vocês têm muito mais valor do que

[6] At 3:7-8.

[7] At 3:12,16. Grifos nossos.

as aves! Quem de vocês, por mais que se preocupe, pode acrescentar uma hora que seja à sua vida? Visto que vocês não podem sequer fazer uma coisa tão pequena, por que se preocupar com o restante?”.[8]

Esse moço chamado Jesus de Nazaré, ao seu jeito e à sua maneira, nos faz repensar a forma como lidamos com a vida. Entrar em contato com sua mensagem reacende a alegria de viver e nos impulsiona em direção ao nosso destino, de modo mais consciente.

Trocando em miúdos: a vida continuará propondo desafios, mas a sabedoria que brota do encontro verdadeiro com Jesus nos fará encará-los de outra forma. Não mais estaremos predispostos a entendê-los como castigos injustos. Sob essa perspectiva, a vida renascerá e trará o prazer de saborear cada minuto dos dias, meses e anos nesta Terra abençoada, nossa casa planetária.

Mesmo que esteja meio descrente do que estou falando, promete que vai experimentar? É preciso cultivar a espiritualidade, independentemente da religião. Aposto que vai gostar.

[8] Lc 12:24-26 (Nova Versão Internacional).

somos esquisitos, mesmo. Vai entender o que se passa em nossa cabeça... Se Deus não fosse aquele que tudo sabe e tudo vê, há muito já teria enlouquecido. Já pararam pra pensar o número de petitórios que chegam ao Departamento da Divina Providência, Setor de Pedidos?

Todo dia, uma montanha de lamentações, o chororô de gente pedindo isto e aquilo. É mãe pedindo pelo filho, que está de tirar o sono com tanta malandragem. Aquela moça clamando a tudo que é santo e orixá, pois que não arranja marido nem pela internet. Pedidos de um emprego melhor, mais dinheiro e menos trabalho. E pra ganhar sozinho na loteria, então? Deus que me livre! Gente, é uma coisa de quem não tem juízo. Ainda, se fossem somente pedidos; mas, não. E o troca-troca de "favores"? "Se me der isso, eu faço aquilo" – promessas e mais promessas, numa relação de valores nem sempre fácil de entender. Além daqueles que mudam de ideia! Sim, tem gente assim. Numa semana quer uma coisa; na outra, não quer mais, não!

Certamente a inconstância de desejos e vontades desse último grupo deve-se à própria natureza humana, que ainda não tem os valores bem consolidados, estando ainda distante da maturidade. Somos seres em construção; somente isso pode explicar tamanho vaivém, que muitas vezes beira à insensatez. A cada hora do dia, no decorrer das semanas e dos meses, diante das atribulações – seja no mundo físico ou no mundo espiritual –, vamos elaborando a nós mesmos, de modo que passamos a ver a vida sob novos ângulos. Acredito que é por isso, ao menos em parte, que vemos tantos disparates neste mundo de meu Deus.

O que já temos condições de sobra para saber é que Deus não é fada-madrinha. Não tem varinha mágica, a fim de realizar os nossos mais fantasiosos desejos. E também que não existe para Ele aquele filhinho queridinho, que pode tudo, tampouco a ovelha negra, que não é amada pelo Pai. Isso está bem claro.

Deus é o arquiteto do universo. A soberania que encarna é de tal magnitude, que o profeta procurou registrar assim suas possibilidades: "E disse Deus: Haja luz. E houve luz".[1] Já imaginou poder maior? O espiritismo explica que Ele é único, eterno, onipresente, onisciente, soberanamente justo e bom.[2]

Se é assim, meu amigo, será que já não é hora de parar de encher o universo com infantilidades na forma de pedidos e mais pedidos? O que tiver de vir até você, virá. De uma maneira ou de outra, e de muitas outras mais. Você tem é que fazer por merecer! E não é sendo bonzinho, manso e cordato, não, viu? Mas, sim, criando possibilidades – com empenho, fervor e dedicação – para que as bênçãos desejadas o alcancem.

Dentro dessa proposta está o trabalho, muito trabalho, meu filho. Boa vontade em relação à vida e ao semelhante. Resignação, a fim de aceitar de maneira

[1] Gn 1:3.

[2] Cf. KARDEC. *O livro dos espíritos*. Op. cit. p. 77, item 13.

adulta o que não for pra você, no momento em que julgava ser a hora. Contentamento e gratidão por aquilo de que usufrui, acima de tudo.

É reconfortante e prazeroso crer num Deus que está inteiramente ligado às suas criações. Que age e se move em nossa essência, fazendo com que possamos senti-lo no macrocosmo tanto quanto no microcosmo. Ou seja, dentro e fora de nós.

Com essa relação tão próxima, fica quase que vergonhoso encher o Pai de pedidos infundados. Não que não possamos pedir; muito pelo contrário. Porém, que tal agradecer, também? Agradecer por tudo o que temos. A família – boa ou má, é a que temos. O trabalho, que nos faz crescer e dá condição de concretizar nossos sonhos – se não todos, ao menos parte deles. O tesouro precioso do tempo. O corpo, veículo que nos possibilita realizar e construir. Poxa, quanta coisa a agradecer! Este planeta, o Sol, a água...

Imagino que sua lista de pedidos vai diminuir sensivelmente. Vai ser notável não mais pela quantidade de itens, mas pela qualidade, pelo que investe em cada um deles, alimentando-os com fé, energia, empenho e gratidão. Não é verdade? Você continuará a acessar o Departamento da Divina Providência; porém, frequentemente passará a ser atendido pelo Setor de Agradecimento, nos momentos em que estiver conversando com o Todo-Poderoso. Às vezes, vai dizer, simplesmente: “Obrigado, Senhor! Obrigado!”.

QUERO SER FELIZ, HOJE E AGORA

a Terra é um lugar de espíritos comprometidos perante a lei divina. Temos aqui neste planeta abençoado uma enormidade de seres complicados; difíceis, mesmo. Cada um de nós carrega na alma uma inquietação que nos faz, por diversas vezes, meter os pés pelas mãos. Tudo normal, como era de se esperar; afinal, estamos em construção. Tudo se transforma a cada olhar.

Independentemente disso, o fato é que podemos afirmar, sem a menor sombra de dúvida, que todos, sem exceção, desejamos exatamente a mesma coisa. Sabe o que é? Ser felizes, felizes com toda a intensidade. Porém, o que mais ocorre é que, tendo em vista o imediatismo e a imaturidade que nos são característicos, ser feliz pode ser confundido – e geralmente o é – com sensações passageiras de prazer. Uma delas: a sensação produzida pelo ato de possuir ou ter.

Não preciso ir longe para que saiba do que estou falando. Quer ver? Confundir felicidade com ter um bom casamento, filhos, formatura, nome considerado nobre, emprego e rendimentos, carro do ano e outras propriedades; enfim, algo que nos distinga dos outros. Tudo isso pode, sim, nos trazer sensações de satisfação – até mesmo ajudar a compor o quadro maior da felicidade –, mas todas são coisas perecíveis, que passam ligeiro, e muito ligeiro, diga-se de passagem.

Aquele carrão do ano, zero quilômetro, *top* de linha e com os últimos requintes da modernidade – o máximo! –, de um ano para outro, perde boa parte do valor e logo, logo requer manutenção aqui e ali. Muito provavelmente, já sai de fábrica ultrapassado em tecnologia e conforto por alguma outra supermáquina. Sem contar que pode ser surrupiado! Mais radical, mas igualmente verdadeiro: pode ser destruído, de um minuto para outro, envolvendo-se em um acidente, desses tão comuns hoje em dia.

Aí, lá se vai nossa felicidade guinchada por um reboque, rumo à oficina ou ao ferro-velho. Fica pra trás toda a euforia que nos fazia saltitantes, anunciando aos quatro ventos a conquista que nos fez a pessoa mais feliz e sortuda do mundo. Se não houver seguro, então, lá se foi o investimento, ou restam apenas as prestações de um sonho que não existe mais...

Refletir assim não é se render ao pessimismo, não! É importante para ver, com efeito, que a felicidade não percorre exclusivamente o caminho do ter.

E não pense que agora vou usar aquele chavão de que antes de ter, é melhor ser. Isso não é verdade, simplesmente porque, para ser, também é preciso ter. Um bom livro custa dinheiro, para assistir a um espetáculo de teatro ou de dança é preciso ingresso, assim como para ir ao cinema. Embora existam bibliotecas e atrações culturais gratuitas, a regra geral vale para estudos, viagens, terapias e tratamentos etc. Até para ir à igreja, ao centro espírita ou à instituição beneficente onde você presta serviço voluntário é necessário dinheiro.

Tudo isso passa pelo ter, concorda? Então, como ser feliz e se sentir realizado para além das sensações de posse? De onde vem tal possibilidade?

A felicidade certamente terá morada em nossa alma quando aprendermos a lidar com a vida. E para isso não é necessário ser espiritualizado, um monge ou algo parecido, muito menos um ser iluminado; ainda estamos longe de tal conquista. Ocorre que, na condição de aprendizes, já temos os elementos para viver uma espécie de festa da alma. A cada dia, a vida nos convida a essa celebração. As belezas que nos visitam a cada instante fortalecem o que afirmo. Aliás, o que não é belo também, pois mostra quanto somos necessários para o concerto da vida, quanto há por fazer para transformar isso.

Quer ver? Imagine-se diante de um engarrafamento daqueles, a coisa mais corriqueira nas cidades grandes. Você está dentro de seu carro, provavelmente financiado, e nada anda. Buzina, pessoas, motos, ônibus, caminhões e mais caminhões, carros e mais carros. Pra completar, aquele calor absurdo, um sol de rachar, e o ar-condicionado estragou. Um dia daqueles, longo como só ele. De repente, toca no rádio aquela música que você aprecia, que imediatamente o remete a momentos deliciosos da sua história. Olhe a felicidade batendo à porta de sua alma! É ela chegando de mansinho, na melodia daquela canção.

Que fazer? Entregue-se a essa lembrança, meu

Deus! "Este é o momento? O sinal pode abrir." Claro que pode, mas, enquanto não abre, feche os olhos, sinta, respire, deixe-se conduzir por essa magia. Recomponha-se e se refaça, revivendo as coisas boas que lhe aconteceram. Vale a pena essa pausa abençoada. E você pode ainda prolongá-la, caso termine. Basta cantarolar a melodia baixinho, saboreando-a. Quando chegar à sua casa, dê vazão a essa energia de felicidade partilhando aquele momento e aquela lembrança com quem ama.

Existem inúmeras alternativas como esse exemplo que dei. Pense, reveja, analise. Felicidade não é fama, não é o príncipe encantado, nem o prêmio da loteria; é elaborada no dia a dia, e somente a constrói quem tem coragem e muita disposição.

À medida que fizer com que seu viver se torne mais e mais especial, ela, a felicidade, brotará em quantidade cada vez maior, espontânea e natural, como tudo que nos cerca. Experimente e depois me conte.

Ah! Já ia me esquecendo. Jamais deixe de desejar aos outros a felicidade que você tanto quer. De coração. Posso sugerir um jeito prático de ir treinando e aperfeiçoando essa habilidade? Ao se despedir de alguém – um amigo, um parente, quem quer que seja –, talvez possa adicionar estas palavras ao seu cumprimento: "Seja feliz!".

TRISTEZA NÃO TEM FIM...

existe uma música que entre vocês ficou muito famosa, e diz assim: "Tristeza não tem fim/ Felicidade, sim".[1] Você conhece, não é mesmo? Tem gente para quem esses versos expressam uma verdade. Gente que enche o peito e diz com orgulho: "Não nasci pra ser feliz! A vida pra mim é um mar de lágrimas". Ao ouvir algo assim, respondo na hora: "Xô, baixo astral! Será que não está precisando se lembrar de quem você é filho?".

A pergunta que não quer calar é esta: por acaso você é dessas pessoas?

Deus é o grande arquiteto da vida, fez e faz as maravilhas[2] que nos encantam os olhos e os sentidos. O ser humano passou por milhões de anos[3] de aperfeiçoamento, melhorando aqui e ali, a fim de dar continuidade ao projeto divino. E nem está pronto ainda!

Ante essa realidade, a visão derrotista parece um pouco deturpada, não acha? Tudo bem que as coisas não estão fáceis, mas... quando estiveram?

[1] *A felicidade*, samba-canção de Tom Jobim e Vinicius de Moraes, foi gravada pela primeira vez em 1959.

[2] Cf. Sl 98:1.

[3] Segundo aponta a arqueologia, o aparecimento dos primeiros humanos deu-se há aproximadamente 2 milhões de anos (cf. http://en.wikipedia.org/wiki/Earth_history).

Estamos num mundo de expiação e provas, onde os desafios diários têm como objetivo fazer desabrochar a plenitude do potencial de cada criatura. Tornar o indivíduo um cidadão digno, em toda a abrangência do termo. Dizer-se infeliz é mais fácil e cômodo; porém, já se perguntou o porquê de tal sentimento ou estado de coisas? Fazer-se de vítima lhe satisfaz o ego? Ser tachado de deprimido lhe traz que tipo de ganho secundário?

Se você se sentir incapaz de responder a tais perguntas, meu amigo, aí posso lhe dizer com convicção: sua tristeza realmente não terá fim. Seu desejo é uma ordem que a vida acata sem dó, porque ela proporciona em torno de você exatamente o ambiente que você alimenta na intimidade – e, suponho, seja onde quer circular, respirar e morrer.

A tal tristeza será sua fiel escudeira: acompanhará você aonde quer que vá, cobrirá de cinza a enorme gama de cores vivas com que Deus pintou os mundos físico e espiritual, e ainda fará as flores murcharem ou se tornarem invisíveis e inodoras para você. Ela também obstruirá seus ouvidos, imunizando-os contra o canto dos pássaros e a beleza da música, além de torná-lo insensível às manifestações de carinho e amor. Celebrar o aniversário será como uma grande contagem regressiva, porque ano a ano você renovará, com mais e mais convicção, a crença de que só a morte lhe oferecerá alívio. Quanto engano!

Existe uma alternativa, porém. Deus está ao seu alcance e dá às suas criaturas todas as possibilidades de se fazerem melhores, quantas vezes forem necessárias. E o melhor: pouco importa se você acredita nele ou não, pensa nele ou não. Ele não está nem aí para o ibope! Tampouco precisa de sua permissão ou concordância para continuar existindo... Se preferir, faça o seguinte: onde escrevi *Deus*, leia *vida* – e tudo permanece válido, do mesmo jeito. Afinal, ateu que reverencia a vida com gratidão e entusiasmo produz muito mais felicidade do que religioso que se cobre de cinzas e veste o manto da tristeza.

Aproveitar as oportunidades que Deus – ou a vida – proporciona depende exclusivamente de você. Então, abra os olhos, aspire todo o ar que puder e, repleto da força que a vida lhe dá, diga, em voz alta: "Hoje é meu dia, Deus o fez especialmente pra mim. Como tenho certeza de seu poder, declaro que a partir de agora, apesar de quaisquer forças contrárias, erguerei minha felicidade, passo a passo, dia a dia, descobrindo a beleza de habitar este mundo, mesmo com lutas e desafios".

A partir de hoje, está decretado: tristeza, não; felicidade, sim!

E QUANDO CHEGAR A SUA HORA?

vida e morte... Já parou para pensar em sua despedida? "Ai, que assunto mais macabro, Calunga! Vou bater na madeira e dizer 'pé de pato, mangalô três vezes'! Isso é coisa que se pergunte a um filho de Deus?"

E por que não? – eu é que pergunto. Se a todo momento somos questionados com relação a nossos planos para o futuro e sobre o que estamos fazendo de nossas vidas, por que não? Responda-me em que minha pergunta inicial é diferente destas outras: Você está estudando? Vai fazer faculdade de quê? Está trabalhando? Quer trabalhar com o quê? Está namorando? Já se casou?... E inúmeras outras.

A verdade é que o tempo passa rápido e, quando você acordar e deixar de lado esse tabu bobo, já não dá mais tempo de cuidar de tudo de maneira satisfatória. Aí, é dor de cabeça na certa – pra você, do lado de cá, e pra quem fica na Terra.

Pergunto ainda mais, porque hoje nós vamos exorcizar esse medo de falar em morte de qualquer jeito. Confesse: se você se dedica a tantas preocupações no dia a dia, algumas delas até bem tolas, não é sensato se ocupar com as decorrências da única certeza que se tem, isto é, sua partida, a grande viagem para a terra dos pés juntos? Sim, falemos a verdade, nua e crua: o restante são especulações, conjecturas, sonhos e projetos. Líquido e certo, mesmo, só a morte – ou seja, sua passagem para a verdadeira vida!

E digo mais. Se você é espiritualista e apesar disso não tem cacife pra falar desse assunto assim, preto no branco, é hora de pensar se você acredita mesmo na espiritualidade que apregoa. Chega de brincar de ser espiritualista; chega de espiritualidade de faz de conta. Vamos amadurecer, minha gente, pois na Terra está acabando o lugar pra criancinha espiritual.[1]

Mesmo que nossas convicções sobre as realidades fora do mundo da matéria sejam desiguais, fato é que todos partirão, num tempo que não se sabe. Dessa maneira, a educação para a morte torna-se imprescindível. "Mas como se faz isso, Calunga? Por onde começar? E em que momento de nossas vidas?" Ora, assim que tiver consciência de suas responsabilidades como ser humano, no contexto da sociedade. Sim, tão logo isso ocorra, deve-se começar a cuidar do "Até logo".

Vamos a alguns exemplos. Nos negócios de família, sempre é possível fazer as coisas com mais clareza, permitindo e se certificando de que as pessoas que compõem o núcleo familiar estejam informadas sobre a

[1] "Quando eu era menino, falava como menino, pensava como menino, raciocinava como menino. Mas logo que cheguei a ser homem, *acabei com as coisas de menino*. Irmãos, *não sejais meninos no entendimento,* mas sede meninos na malícia, e adultos no entendimento" (1Co 13:11; 14:20. Grifos nossos).

quantas andam os negócios e os investimentos, o patrimônio, eventuais seguros... E isso vale tanto pra quem tem muitas propriedades como pra quem tem uma casinha de fundos; não importa. Pensando nos conflitos pessoais ou de relacionamento? Todo mundo os tem. O importante é procurar resolvê-los o quanto antes, evitando adiar decisões que podem promover as condições necessárias para solucionar diferenças e querelas. Em seu dia a dia, dentro de suas possibilidades, seja instrumento de progresso, satisfação e união. Ofereça às pessoas a chance de descobrirem a importância da autenticidade.

Tem mais! Ensine, promova o outro, compartilhe o saber. Deixe o medo de lado, abra mão da tola sensação de poder que o conhecimento proporciona e ouse trabalhar em equipe e formar continuadores. Eu disse continuadores, gente madura, e não satélites, dependentes, a orbitarem em torno de você para satisfazer seu ego. Afinal, nada mais frustrante do que aportar do lado de cá cheio de informações valiosas – que você guardou só pra si.

Que acha de fazer um compromisso íntimo, pessoal e secreto com alguns valores? Por exemplo: respeito por todo ser humano, sem discriminar ninguém por razões de raça, credo ou posição social. Repare que eu disse *discriminar*, e não *distinguir*, porque acredito que notar a diferença não é o problema; o problema é o tratamento desigual, e até desleal, que dispensamos ao constatar a diferença.

Utopia? Quem sabe? Porém, não se esqueça de

que, em diversos momentos da história, outros sonhos foram considerados utopia, tendo sido alvo do desdém e do ceticismo de muitos. Certa ocasião, alguém acreditou que o homem poderia voar como o pássaro; bastava, para tanto, construir o engenho adequado. Outro asseverou que apenas o cuidado de higienizar as mãos antes de realizar partos acarretaria diminuição do número de infecções que acometiam grande parte dos recém-nascidos e das mães, logo após darem à luz. Isso numa época em que não se sabia da existência das bactérias... E o primeiro que afirmou: "Nós vamos levar o homem à Lua", então?

E o que essas coisas têm a ver com a grande partida? Tudo, meu amigo. A hora da despedida é o inicio do acerto de contas com o mundo que momentaneamente você vai deixar. Portanto, será bem gratificante se, no momento da última batida do coração físico, tiver a consciência tranquila, do dever cumprido, e bem cumprido. Não é verdade?

Será gratificante o prazer de saber e sentir que você fez o seu melhor, a alegria de encontrar na mente momentos prazerosos que proporcionou ou desencadeou e, acima de tudo, a satisfação de ver nos olhos daqueles que vieram se despedir a gratidão a Deus e à vida pela convivência terrena.

Não pense você que aquela tradicional frase, dita em tudo quanto é enterro ou funeral, tenha qualquer validade: "Que pena! Ao menos, descansou". Não se engane! Perca essa esperança – e de modo definitivo. Se você não é chegado a movimento, a se virar, prepare-se...

Seria melhor ter ficado no mundo. Do lado de cá, meu amigo, só cresce aquele que atua, trabalha e está disposto a seguir avante. Até tem como rejeitar o crescimento deste lado da vida, mas não queira saber a que preço...

Enfim, aqui vale é a bagagem do coração. Peixadas, posição social, jeitinho brasileiro, papai rico e influente ou mãe superprotetora – ao menos do jeito que se conhece aí na Terra, com muitas distorções éticas, essas coisas não existem na dimensão da imortalidade. Não dá pra passar a perna na lei divina. É claro que há intervenção espiritual e atendimento a determinados pedidos, tudo feito em nome da misericórdia, que vai temperando a aplicação da justiça. Mas, sem algum mérito que desperte a confiança do Alto, a colheita é dura. Aqui existe a vida, simples e plena, tal como ela é, sem disfarces.

Ah! Não acredita no que digo? Certo, você tem todo o direito. Façamos o seguinte: quando chegar a sua hora e estiver no mundo dos espíritos, me procure, que a gente continua esta conversa.

Até breve!... Ops! Brincadeirinha. Digamos assim: Até qualquer dia. Soou melhor?

A NOITE QUE CHEGA

por Marcos Leão

a tarde pinta de cores fortes o horizonte do planeta; a noite vem chegando leve e perfumada. O céu laranja de um dia quente de verão cede lugar ao azul profundo, sobre o qual as primeiras estrelas piscam, à semelhança de pequenos pirilampos.

Uma nostalgia invade minha alma... Do alto da janela de meu apartamento vejo pessoas passando na rua. Ali caminha um pai de família que volta ao lar depois de um dia de trabalho; mais à frente, pequena turma de estudantes alegres e barulhentos, no passo apressado da juventude. Na esquina à frente, um grupo de senhoras avança, provavelmente em direção a algum templo religioso. Assim, a vida passa diante de mim, e a noite iluminada pela lua cheia e redonda chega, enfim. Ao fundo, ouço a Ave-Maria. É a hora do ângelus.

Vêm à minha memória lembranças distantes: os amigos, a casa paterna, a infância... Tudo cruza a mente de modo tão rápido e, ao mesmo tempo, tão presente. Viajo no tempo. Ouço minha mãe me chamando para o banho, pois meu pai está pra chegar e a janta já está pronta. Atravesso os cômodos de casa como um raio e me entrego à gostosura da água, que cai do chuveiro na temperatura ideal. Escuto a voz de meu pai, sério e leve, autoritário e afetuoso:

– Oi, gente! Cheguei. Meu filho, anda logo com esse banho! A comida vai esfriar.

– Tô indo! – respondo, sem vontade de sair do banho.

A casa é grande e simples. Mas é minha casa, meu lar. O aroma do jantar está em todo canto. Humm... Que delícia! Hoje tem bife e batata frita. Todos os meus irmãos já estão à mesa. Meu pai, calado, mas atento, senta-se numa ponta; minha mãe, na outra. Eis minha família. De repente, ouço uma buzina forte e de novo estou na janela, observando as pessoas que passam.

Que saudades, meu Deus! Tudo é tão rápido que nem sequer prestamos atenção na falta que fazem esses momentos. A vida na Terra é realmente um segundo diante da eternidade, mas nem por isso a intensidade das emoções e das lembranças diminui; muito pelo contrário, elas são fortes e duradouras. Será isso uma necessidade da alma?

Naquele momento em que a tarde chega ao fim e a noite começa, aprendo mais uma lição. Sendo a vida tão ligeira, porém marcante, é sábio fazer dela algo prazeroso. E como fazer isso sem que se partilhe a ventura do caminhar? Usar nossa herança divina a fim de estender os momentos em que o amor, a convivência sadia, a troca de informações e a contemplação alcancem o máximo, permitindo que calem fundo em nossa alma.

Penso que a insatisfação geral que varre a humanidade por estes dias tem sua origem, entre outras razões, no esquecimento da prática de observar o que nos habituamos a chamar de *comum*. Cultuar o hábito de apreciar as pequenas coisas e desenvolver a sensibilidade para perceber sua grandeza e sua magia: eis algo essencial. E simples, tal como o entardecer visto da janela de um bairro na periferia de uma metrópole qualquer.

Quantas oportunidades relegadas à inutilidade, por não nos deixarmos guiar por boas lembranças. Somos, em parte, fruto de nossas lembranças; são elas que nos movem em direção ao futuro. Histórias vividas em casa, na escola, no trabalho e no meio da sociedade ajudam a construir quem somos, influenciando passos e determinando escolhas. Amores, conflitos, encontros, partidas; todos são memórias mais ou menos vivas, acessíveis em momentos oportunos – quem sabe até dormitando no inconsciente? –, e que fazem desta vida um amálgama memorável de reencontros entre almas.

Ouso afirmar que esses retalhos de vivências são a constatação da veracidade de uma das afirmativas de Cristo. Nós somos deuses[1] efetivamente e podemos fazer coisas incríveis em nós e em torno de nós. Somos capazes de parar o tempo e fazer uma viagem por nossas histórias, trazendo momentos e pessoas, sabores e aromas para o agora. Certo que é por um curto instante, mas o tempo necessário pra matar a saudade, chorar e sorrir gostosamente. E, quando o som do agora nos chama para o presente, abrimos os olhos felizes para a noite que chega plena e agradecemos a Deus pelos familiares, pelos amigos, pelo trabalho; enfim, pela vida. Obrigado, meu Deus!

[1] Cf. Jo 10:34; 14:12.

REFERÊNCIAS BIBLIOGRÁFICAS

BÍBLIA de referência Thompson. Edição contemporânea de Almeida. São Paulo: Vida, 1990.

BÍBLIA de referência Thompson. Nova Versão Internacional. São Paulo: Vida, 2000.

KARDEC, Allan. *O Evangelho segundo o espiritismo*. Tradução de Guillon Ribeiro. 120ª ed. esp. Rio de Janeiro: FEB, 2002.

_____. *O livro dos espíritos*. Tradução de Guillon Ribeiro. 1ª ed. esp. Rio de Janeiro: FEB, 2005.

_____. *O que é o espiritismo*. Tradução de Guillon Ribeiro. 1ª ed. esp. Rio de Janeiro: FEB, 2002.

PINHEIRO, Robson. *Legião*. 12ª ed. rev. Contagem: Casa dos Espíritos, 2011. Trilogia O Reino das Sombras, v. 1.

_____. *Os espíritos em minha vida*. Contagem: Casa dos Espíritos, 2008.

SAINT-EXUPÉRY, Antoine. *O pequeno príncipe*. Rio de Janeiro: Agir, 1985.

INTERNET

http://en.wikipedia.org/wiki/Earth_history

SOBRE O AUTOR

marcos leão é mineiro de Belo Horizonte. Tomou contato com as ideias espíritas ao conhecer o médium Robson Pinheiro, no ano de 1985. Logo depois, começa sua trajetória de paixão e dedicação ao livro espírita, estando hoje à frente dos eventos na Casa dos Espíritos, como exímio vendedor de livros que é. Fundou vários núcleos espíritas, até que, desde 1992, estabelece-se na Sociedade Espírita Everilda Batista, que integra a Universidade do Espírito de Minas Gerais. Pratica e estuda a mediunidade com afinco e adora fazer palestras, cuja característica forte é a alegria e o alto-astral.

Foto: *Andrei Polessi*

Algumas publicações

ALTOSPLANOS

casadosespíritos

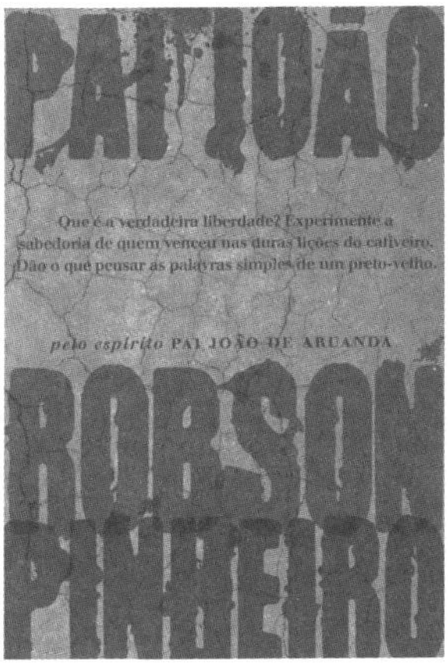

Pai João
Libertação do cativeiro da alma
Robson Pinheiro pelo espírito
Pai João de Aruanda

O que é a verdadeira liberdade? Decretos e estatutos não legislam sobre o que é de foro íntimo, e é essa liberdade que Pai João discute. Libertar-se de dogmas, medos, preconceitos e da condição de refém dos sentidos e do prazer sensorial. Libertar-se do círculo vicioso de culpa, autopunição e permissividade, em direção à conquista da satisfação interior, que pode ser obtida nas coisas simples do dia a dia, quando se está em sintonia consigo mesmo. Conheça o amor, a sabedoria e a compaixão de um ex-escravo que venceu a si mesmo nas experiências do cativeiro, com a simplicidade de um preto-velho. Edição revista de *Alforria*.

ISBN *Pai João*: 978-85-87781-37-6
Gênero: autoconhecimento
Ano de lançamento: 2005/2009
Edição atual: 3 | 30 mil exemplares
Páginas: 256
Acabamento: brochura
Formato: 16 x 23cm

Sabedoria de preto-velho
Reflexões para a libertação da consciência
Robson Pinheiro pelo espírito
Pai João de Aruanda

Composto por mensagens e reflexões, *Sabedoria de preto-velho* é escrito no linguajar simples do ancião negro, que partilha a sabedoria adquirida nas experiências do cativeiro. Num bate-papo informal, fala das dificuldades da vida, sem dar lições de moral e com grande otimismo. Ex-senhor de escravos nos EUA, o autor espiritual pede para reencarnar na África e, dos navios negreiros, desembarca em terras brasileiras. Texto enriquecido com cânticos dos escravos, que o médium comenta, elucidando seu significado espiritual, e ilustra com os casos vividos durante os mais de 30 anos de convivência com o espírito.

ISBN: 978-85-99818-05-3
Gênero: autoconhecimento
Anos de lançamento: 2003/2009
Edição atual: 11 | 39 mil exemplares
Páginas: 187
Acabamento: brochura
Formato: 16 x 23cm

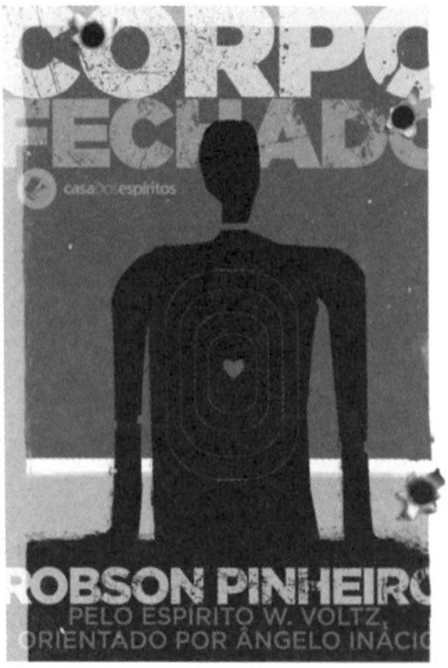

Duas capas diferentes. Inclui CD.

Corpo fechado
Robson Pinheiro, pelo espírito W. Voltz, orientado por Ângelo Inácio

Os espíritos em minha vida. Memórias.
Robson Pinheiro, editado por Leonardo Möller

Corpo fechado, corpo aberto. Reza forte, espada-de-são-jorge, mandingas e patuás. Onde está a linha divisória entre verdade e fantasia? Campos de força determinam a segurança energética. Ou será a postura íntima? Diante de tantas indagações, crenças e superstições, Pai João vai devassando o universo interior dos filhos que o procuram em sua tenda, apresentando casos que mostram incoerências na busca por proteção espiritual. Entre candomblés, umbandas e espíritos, os ensinamentos da Aruanda, que transcendem religiões, barreiras e preconceitos.

ISBN: 978-85-87781-34-5
Gênero: romance mediúnico
Ano de lançamento: 2009
Edição atual: 2 | 20 mil exemplares
Páginas: 320
Acabamento: brochura
Formato: 16 x 23cm

Inclui CD com os espíritos na voz de Robson Pinheiro. O objetivo desta obra não é tão-somente relatar as vivências do autor com os espíritos; mais que isso, é contribuir para a melhor compreensão da dinâmica que rege o relacionamento entre os habitantes dos dois lados da vida. E desse entendimento – quem sabe? – extrair alguma lição, algum proveito para todos nós, porque definitivamente não adianta travar contato com inteligências extrafísicas se permanecemos os mesmos, se esse contato não promove nenhuma mudança que possa marcar, positivamente, nosso existir. E esse é o maior objetivo.

ISBN: 978-85-87781-32-1
Gênero: memórias
Ano de lançamento: 2008
Edição atual: 1 | 10 mil exemplares
Páginas: 416
Acabamento: brochura
Formato: 16 x 23cm

Senhores da escuridão
Robson Pinheiro pelo espírito Ângelo Inácio
Trilogia O Reino das Sombras | Vol.2

Das profundezas extrafísicas do oceano, surge todo um sistema de vida que se opõe às obras da civilização e à política divina anunciada pelo Cordeiro. Cientistas das sombras desenvolvem verdadeiros criadores de espíritos ovóides, que implantam em clones ou cascões astrais para intensificar o domínio sobre as consciências. Seu alvo? Aqueles que se expõem frente às multidões: governantes, políticos e líderes religiosos. Sua ambição? Promover o caos social e ecológico para, em meio às guerras e à poluição, criar condições de os senhores da escuridão emergirem da subcrosta e conduzirem o destino das nações. Os guardiões têm de impedi-los, mas não sem antes investigar detalhadamente a estratégia das trevas. Qual será a sua contribuição neste grave momento planetário?

ISBN: 978-85-87781-31-4
Gênero: romance mediúnico
Ano de lançamento: 2008
Edição atual: 2 | 30 mil exemplares
Páginas: 704
Acabamento: brochura
Formato: 14 x 21cm

Legião
Um olhar sobre o reino das sombras
Robson Pinheiro pelo espírito Ângelo Inácio
Trilogia O Reino das Sombras | Vol.1

"Meu nome é Legião, pois somos muitos." Este livro pretende realizar um esboço da estrutura extrafísica das legiões de seres que se opõem ao Cristo e seus enviados. Organizações, indivíduos, peritos em diversas áreas do conhecimento constituem o vasto mundo do império do mal. Magos negros, cientistas, vampiros e quiumbas, sob o comando dos chamados *dragões*, são alguns desses personagens. Paralelamente, a obra apresenta as atividades dos guardiões em favor do bem. As técnicas modernas das obsessões complexas, com aparelhos parasitas, criações mentais e clones, são alguns dos aspectos abordados com minúcias.

ISBN: 978-85-87781-23-9
Gênero: romance mediúnico
Ano de lançamento: 2006
Edição atual: 8 | 60 mil exemplares
Páginas: 502
Acabamento: brochura
Formato: 14 x 21cm

Serenidade
Uma terapia para a alma
Robson Pinheiro pelo espírito Alex Zarthú

O momento é de emergência. Os valores internos ameaçam ruir frente aos problemas. É preciso recuperar a serenidade da alma. Nas mensagens do indiano Alex Zarthú, o Evangelho é visto sob a ótica da psicologia espírita, aplicado ao dia-a-dia. Um roteiro de autotransformação, uma reflexão sobre medos, angústias, ansiedades e outros conflitos enfrentados pelo ser humano em sua jornada. Conceitos espíritas aliados às modernas interpretações da psicologia transpessoal, mostrando a profundidade e a atualidade do convite: "Homem, conhece-te a ti mesmo". Textos leves, ideais para momentos desafiadores.

ISBN: 978-85-87781-08-6
Gênero: autoconhecimento
Anos de lançamento: 1999/2004
Edição atual: 8 | 24 mil exemplares
Páginas: 154
Acabamento: brochura
Formato: 14 x 21cm

Negro
Toda a sabedoria do preto-velho
Robson Pinheiro pelo espírito Pai João de Aruanda

A mesma palavra para duas realidades diferentes. *Negro*. De um lado, a escuridão, a negação da luz e até o estigma racial. De outro, o gingado, o saber de um povo, a riqueza de uma cultura e a história de uma gente. Em Pai João, a sabedoria é negra, porque nascida do cativeiro; a alma é negra, porque humana — mistura de bem e mal. As palavras e as lições de um negro-velho, em branco e preto.

ISBN: 978-85-99818-14-5
Gênero: autoconhecimento
Ano de lançamento: 2011
Edição atual: 1 | 8 mil exemplares
Páginas: 256
Acabamento: brochura
Formato: 16 x 23cm

Box Trilogia O reino das sombras
Edição definitiva
Robson Pinheiro pelo espírito Ângelo Inácio

As sombras exercem certo fascínio, retratado no universo da ficção pela beleza e juventude eterna dos vampiros, por exemplo. Mas e na vida real? A luta ancestral entre bem e mal ganha novos contornos na trilogia que revela os meandros da dimensão extrafísica, nos bastidores do dia a dia. Conheça os dragões e seus comparsas, entidades milenares devotadas ao mal, já mencionadas na Bíblia, e a saga dos guardiões, agentes da justiça que representam a administração planetária.

ISBN: 978-85-99818-15 2
Gênero: Romance mediúnico
Ano de lançamento: 2011
Edição atual: 1 | 10 mil exemplares
Acabamento: brochura com capa em papel metalizado
Formato: lata contendo *Legião*, *Senhores da escuridão*, *A marca da besta* e CD contendo entrevista com o autor

Mulheres do Evangelho
e outros personagens transformados pelo encontro com Jesus
Robson Pinheiro pelo espírito Estêvão

A saga daqueles que tiveram suas vidas transformadas pelo encontro com Jesus, contada por quem viveu na Judéia dos tempos do Mestre. Detalhes de diversas histórias do Evangelho, revelando o antes, o depois e o que mais o texto bíblico omitiu. A mulher samaritana e a proposta de inclusão; a mulher com hemorragia e o poder da fé e da persistência; a mulher adúltera e o trabalho em prol de desamparados. A conversão de Maria Madalena; o paralítico de Cafarnaum e a dificuldade humana em compreender a proposta de Jesus. Narrativas que vão colocá-lo frente a frente com o olhar inesquecível do meigo Rabi da Galiléia.

ISBN: 978-85-87781-17-8
Gênero: Jesus e o Evangelho
Ano de lançamento: 2005
Edição atual: 5 | 21 mil exemplares
Páginas: 179
Acabamento: brochura
Formato: 14 x 21cm

Crepúsculo dos deuses
Um romance histórico sobre a vinda dos habitantes de Capela para a Terra
Robson Pinheiro pelo espírito Ângelo Inácio

11 de setembro de 2001: conheça as origens espirituais do atentado às Torres Gêmeas, em Nova Iorque. O episódio foi apenas um sinal; os eventos sociais, políticos e econômicos da atualidade guardam estreitas relações com algo que ocorreu há milhões de anos, em outros mundos. Momentos decisivos estão sendo vividos pelos habitantes da Terra. Do espaço, os irmãos das estrelas observam os lances da história planetária. No romance, CIA, FBI, ações terroristas e espionagem industrial; a saga dos dragões, espíritos sombrios exilados de Capela. Ação e aventura na medida certa.

ISBN: 978-85-99818-09-1
Gênero: romance mediúnico
Ano de lançamento: 2002
Edição atual: 8 | 30 mil exemplares
Páginas: 404
Acabamento: brochura
Formato: 16 x 23cm

Energia
Novas dimensões da bioenergética humana
Robson Pinheiro, sob orientação dos espíritos Joseph Gleber e André Luiz

Numa linguagem clara e direta, o médium Robson Pinheiro faz uso de sua experiência de mais de 25 anos como terapeuta holístico para ampliar a visão acerca da saúde plena, necessariamente associada ao conhecimento da realidade energética. Fruto de estudos na dimensão extrafísica, sob a orientação dos espíritos Joseph Gleber e André Luiz, a obra explica que saber tirar o máximo proveito das fontes da natureza e das terapias holísticas, refletir sobre a transformação íntima e respeitar a essência energética humana e planetária são atitudes fundamentais para quem busca conquistar a saúde integral e mais qualidade de vida.

ISBN: 978-85-99818-02-2
Gênero: saúde e mediunidade
Ano de lançamento: 2008
Edição atual: 2 | 13 mil exemplares
Páginas: 236
Acabamento: brochura
Formato: 16 x 23cm

Aruanda

Magia negra, elementais, pretos-velhos e caboclos sob a ótica espírita

Robson Pinheiro pelo espírito Ângelo Inácio

Após as repercussões de *Tambores de Angola*, o repórter do Além, Ângelo Inácio, prossegue seus relatos. Da colônia espiritual que habita, parte em direção à Crosta na companhia de pretos-velhos, caboclos e guardiões. Explora assuntos controversos, tais como magia negra e feitiçaria, seus mecanismos de ação e suas conseqüências; elementais, os *espíritos da natureza* a que se refere Kardec, e sua atuação nas reuniões mediúnicas. A visita a um laboratório das trevas e a obsessão complexa, com aparelhos parasitas e campos magnéticos, e os trabalhos práticos de apometria. Descubra os segredos de *Aruanda*.

ISBN: 978-85-99818-11-4
Gênero: romance mediúnico
Ano de lançamento: 2004
Edição atual: 13 | 76 mil exemplares
Páginas: 245
Acabamento: brochura
Formato: 16 x 23 cm

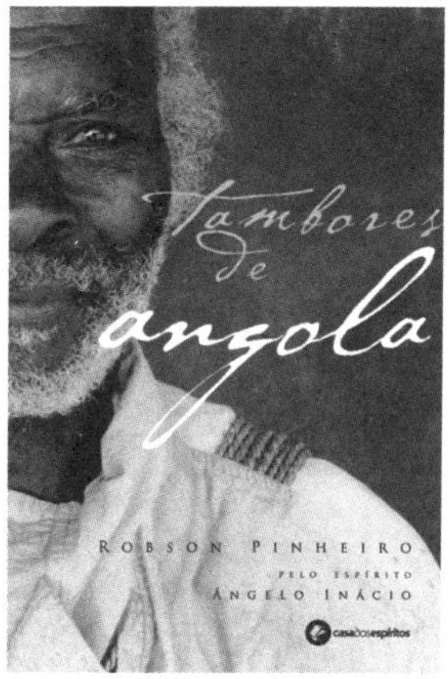

Tambores de Angola

A origem histórica da umbanda e do espiritismo

Robson Pinheiro pelo espírito Ângelo Inácio

Av. Paulista, hora do *rush*. Com a cabeça a rodopiar, Erasmino sente lhe faltar o chão ao sair do trabalho. Avança sobre bebidas e mulheres, agravando a insônia e a tonteira; passa a ouvir vozes e grunhidos. É um caso de obsessão. Em busca da cura, visita uma tenda de umbanda, onde o medo e o preconceito o paralisam. Ao entender que umbanda é lei de caridade, aprende a respeitar pretos-velhos e caboclos. Porém, é no trabalho espírita que se restabelece, pois nunca apreciou defumações, velas e gongás. Será? Conheça a origem histórica e as diferenças entre umbanda e espiritismo, vistas com profundo respeito.

ISBN: 978-85-87781-21-5
Gênero: romance mediúnico
Anos de lançamento: 1998/2006
Edição atual: 22 | 131 mil exemplares
Páginas: 256
Acabamento: brochura
Formato: 14 x 21cm

Responsabilidade Social

A Casa dos Espíritos nasceu, na verdade, como um braço da Sociedade Espírita Everilda Batista, instituição beneficente situada em Contagem, MG. Alicerçada nos fundamentos da doutrina espírita, expostos nos livros de Allan Kardec, a Casa de Everilda sempre teve seu foco na divulgação das idéias espíritas, apresentando-as como caminho para libertar a consciência e promover o ser humano. Romper preconceitos e tabus, renovando e transformando a visão da vida: eis a missão que a cumpre com cursos de estudo do espiritismo, palestras, tratamentos espirituais e diversas atividades, todas gratuitas e voltadas para o amparo da comunidade. Eis também os princípios que definem a linha editorial da Casa dos Espíritos. É por isso que, para nós, responsabilidade social não é uma iniciativa isolada, mas um compromisso crucial, que está no DNA da empresa. Hoje, ambas instituições integram, juntamente com o Instituto Educacional e Social Everilda Batista, o projeto denominado Universidade do Espírito, voltado para a educação em bases espirituais *[www.everildabatista.org.br]*.